知识管理与智能服务研究前沿丛书

日常生活下
多终端使用行为研究

The Research on the Users' Behavior
of Multi-Device in Everyday Life

李轲 著

WUHAN UNIVERSITY PRESS
武汉大学出版社

图书在版编目(CIP)数据

日常生活下多终端使用行为研究/李轲著.—武汉：武汉大学出版社,2024.11(2025.5 重印)

知识管理与智能服务研究前沿丛书

ISBN 978-7-307-23974-6

Ⅰ.日… Ⅱ.李… Ⅲ.传播媒介—网络传播—日常生活社会学—行为分析—研究 Ⅳ.G206.2

中国国家版本馆 CIP 数据核字(2023)第 171675 号

责任编辑:徐胡乡 责任校对:鄢春梅 版式设计:马 佳

出版发行: **武汉大学出版社** （430072 武昌 珞珈山）

（电子邮箱:cbs22@whu.edu.cn 网址:www.wdp.com.cn）

印刷:武汉邮科印务有限公司

开本:720×1000 1/16 印张:13 字数:187 千字 插页:2

版次:2024 年 11 月第 1 版 2025 年 5 月第 2 次印刷

ISBN 978-7-307-23974-6 定价:52.00 元

序

回溯媒介技术与人类文明的缠绕历史可以发现，从没有一种媒介技术如数字媒介技术这般迭代迅速并深刻影响人类生活。当代文化研究学者汪民安（2015）① 曾这样描述信息社会的人：他们总是随身携带两种金属物，一把钥匙，一部手机，钥匙打开私人空间，手机通向公共空间，在这个意义上，手机也是一种独特的钥匙。然而，不到十年间，我们又看到了新的变化：许多人不再携带钥匙，指纹、面部识别、手机 NFC 技术让他们可以随时打开私人的家；手机依然重要，但不再唯一，人们借助手机、平板电脑、可穿戴设备等智能终端，既能通往虚拟公共空间，又能通往虚拟私人空间。握着不同的智能终端，现代人打开了各异的虚拟世界，并在其中穿梭畅游。这些过去只在科幻电影中出现的场景，如今随处可见，多终端、多线程的工作、学习和生活已是多数现代人，尤其是年轻人的日常生活。仅仅十几年的时间，智能手机从通信工具转变为人类的新器官，智能终端彻底融入人类生活进而"进化"为人类身体的一部分；MP3 播放器、数字卡片相机、电话簿的消失，虚拟现实头盔的爆火与衰退，黑胶唱片唱机的复兴，这些媒介设备的消亡与兴起无不成为这十几年间媒介技术迅速发展的"黄金时代"的注脚。智能手机屏幕上一个个应用图标既是人类和这个新器官或新构件签订的契约，也是诸多逐渐消亡的媒介技术的墓志铭。

1

---

① 汪民安. 论家用电器［M］. 郑州：河南大学出版社，2015.

　　一个随之而来的问题是：智能终端如何融入并影响着人们的生活，或者说人们如何接纳了智能终端并使用它们改变自己的生活？这是同一个问题的两个面向，对这个问题的探讨既是对人与媒介技术关系的回应，也正是数字媒介研究的核心，尽管它在当下仍被有意无意地忽略了。随着数字媒介技术的快速发展与智能媒介的深度嵌入，物理世界与虚拟世界间的缝隙将不断被缝合抹平，人类被包裹其中，日常生活和社会运转面临着数字化与媒介化时空的重塑再造。在这种全新的语境中，赛博格化的人类或将不再只是一种隐喻，"人机共生"引发的系列问题同样指向了人与技术关系的思考与讨论。从技术决定和社会决定的不休争论中抽身，李轲博士在本书中以"驯化"理论为基础，从中间立场出发，通过对日常生活中的多终端使用行为展开实证研究，尝试对该问题做出回答。

　　当下数字媒介研究领域中，多终端使用常常与多屏、跨屏、媒介多任务、共时性媒介使用等议题归为一类，被视为媒介接触研究在数字化时代的延续。但如果往前追溯会发现，20 世纪八九十年代的研究者就开始对工业生产中技术人员同时操作两台或以上计算机完成生产任务的行为感兴趣，其研究目的在于考察技术人员的操作流程，提高工作效率。若以现在的研究视角来划分，当时的多终端研究属于人因工程学的范畴，其主要特点是，以完成特定负荷任务的水平为考量指标，关注特定工作或生产的任务流程，技术人员的多终端操作情境和终端功能相对确定。这些都与当前数字媒介领域中多终端使用研究的关注重点相去甚远。

　　随着智能手机、平板电脑等个人智能终端迅速普及并深度嵌入人们的日常，多终端使用行为已从工作场域拓展到日常生活。多终端使用带来的系列问题变得无法回避，并与多屏、共时性媒介使用等议题"汇合"。数字时代多终端使用行为的普遍化与日常化导致该议题的研究在纵向和横向上都与其他研究存在较大差异。具体来看，纵向上，与早期多终端使用研究的面向不同，当下多终端使用研究侧重日常生活中的使用，这些任务都是日常、琐碎、重复的，并非过去的人因工程学面向的特定类型的负荷性工作任务。此外，数字媒介领域学者更加关注人们多终端使用行为的情境差异和作用，对不同情境下终端的使用组合及差异格外重视。横向上，与多屏、共时性媒介使用等相关议题相比，多终端使用强调一个前提——智能终端的多功能性，这导致终端功能的分配和组织受到更加复杂因素的影响。例如，在传统的共时性媒介语境中，"看电视"就是指在电视机上收看电视节目，但对于智能终端，"看电视"行为可以借助智能手机、电脑、平板电脑等任何一种或多种终端，同时伴随在线聊天、购物、短视频使用等不同行为，由此使用者选择在哪种终端上"看电视"就更加值得深究。正是上述纵、横向的研究差异，建构了数字媒介研究中多终端使用议题的研究空间。

如今的媒介研究学者常常借助基特勒（1999）① 之言——媒介决定我们的境遇，强调媒介的重要意义。这种对媒介本体和技术的关注可以追溯至麦克卢汉，1964 年其成名作《理解媒介》问世，"媒介"才开始逐渐摆脱研究领域的"隐身"状态。麦氏说："电子技术就在我们身边，在其与古腾堡技术的碰撞中，我们变得麻木，又聋又瞎又哑。"韩炳哲引用麦氏的话，表达了数字媒介时代的媒介研究的类似困境："如今数字媒体的情况也大抵如此。我们被这种新媒体重新编程，却还没有完全理解这一激进的范式转换。我们对数字媒体趋之若鹜；它却在我们的主观判断之外，极大地改变着我们的行为、我们的感知、我们的情感、我们的思维、我们的共同生活。"② 本书正是在这个意义上言明了其学术价值和学术贡献，它是关于普通人的媒介日常生活的境遇的研究，作者通过扎实的实证研究找到了人们的多终端使用行为影响因素，勾勒出现代人不可避免的多终端媒介生活场景。

李轲博士从哲学层面的日常生活理论入手，从技术-社会、发展-环境两个角度讨论了技术应用视角下多终端使用行为与日常生

① Kittler F A. Gramophone, Film, Typewriter［M］. California：Stanford University Press，1999.

② ［德］韩炳哲. 在群中：数字媒体时代的大众心理学［M］. 程巍，译. 北京：中信出版集团，2019.

活的关联及研究层次的划分。并在此基础上建构了主要由内环境、微观环境、中观环境组成的理论研究框架，三者分别对应多终端使用动机、多终端使用行为和多终端使用情境三个研究对象，这三个研究对象也正是本书主体研究的三个主要部分。作者通过对多终端使用者进行数据实地采集、半结构访谈和问卷调查采集了详尽的一手数据，并采用结构方程模型等方法进行统计分析，对提出的理论模型进行了验证。研究发现多终端使用与使用情境、任务复杂度紧密相关。既往研究中常假设使用者的多终端使用选择是效率优先的，即为了更高效地完成任务而使用多个终端，决策过程是理性的。但本书发现日常生活中许多使用者的多终端使用选择是决策负担较小优先的，即便效率受到影响也不愿意花费更多精力用于多终端的使用决策上，且这一过程常是经验性的、非理性的。对多终端使用动机进行分析会发现，习惯这一非理性因素在对多终端使用行为的影响中也发挥着重要作用。作者在上述研究结果的基础上建立了多终端使用行为影响模型，证明日常生活中理性系统和非理性系统共同作用于多终端使用行为，习惯因素倾向于强化和维持理性的行为决策，而冲动则试图破坏理性行为决策的贯彻。由此说明日常生活中多终端使用行为的决策并非完全受控于理性行为系统，也并非双系统理论所描述的受控于无关联的两个决策系统，而是由理性系统、习惯、冲动共同作用的一个动态系统。李轲博士发现并证实了人们在信息时代复杂的多终端媒介行为背后的动机。显然，这个研究不是一维的、狭隘的，它兼顾了作为媒介的多终端及其关系、作为信息或服务的媒介任务以及日常生活多重情境中的使用者，不偏倚其中任何一环，因此，该研究较为客观地描绘了人与技术之间的关系图景，极大地丰富了相关领域的研究成果，也为分析媒介使用行为的相关研究提供了重要的理论基础和参考。

　　本书的研究结论强调了终端使用环境的多重特性，不单是媒介技术设备支撑的技术环境，更是使用者的日常生活图景构建的现实环境。在这样的环境中，媒介技术与使用者相互"驯化"，不断在维持和破坏现有使用模式中拉扯、再平衡，最终形成了当下动态稳定的技术生活现实。在这个过程中，尽管智能终端作为新的"器官"发挥了诸多作用并填补了使用者无数琐碎的生活缝隙,但人,仍占据着生活的核心,依然在有意识或无意识间对抗数字技术对自身潜移默化的"数字化",这也正是李轲博士通过本书研究对本序开篇所述问题的回应。

在我看来,本书是数字媒介研究领域的一本力作,它既有研究视角和研究路径的创新,也提供了详尽、丰厚、扎实的实证过程用以参考,更为重要的是,它并非傲慢地给出了一个饱和、封闭的理论,而是蕴含着理论拓展与再造的可能性,全景监狱、信息倦怠、平台摇摆等诸多数字时代的热门议题或许都可与之嫁接。这些都表明了一个新兴学者的研究初心与学术想象力。

刘丽群

2023 年 7 月 20 日于珞珈山

目　　录

1

1 绪 论

1.1 日常生活中的多终端使用图景

早晨在睡梦中被手机闹钟叫醒，解锁手机屏幕确认时间，洗漱整理，用手机应用叫了网约车后出门，等车的间隙用手机支付了早餐钱，上车后开始查看微信的留言、朋友圈、微博，迅速地回复消息、给好友点赞，一个普通都市上班族的一天就这样开始了。

到达办公室后第一件事就是打开台式电脑，这几乎是仪式性的，意味着一天工作的正式开始。然而打开电脑并不意味着就真的开始了工作，一般的流程是先登录 QQ、微信，再打开浏览器看看新闻或者股票的行情。在一天繁忙的工作中会穿插着使用手机查看社交媒体、网上购物、订餐、玩游戏，在处理工作的同时，所有公事私事也都可以隐蔽而自然地在手机上完成。

下班后乘坐地铁回家的途中，玩游戏、通过社交媒体和朋友聊天，这些活动会填满在地铁上的所有时间而不会觉得无聊。回家后的休闲时间也有很多选择，可以继续未完成的工作，或是在电脑上玩玩大型游戏，看看电影，也有可能躺在床上用平板电脑玩游戏、看网络电视剧等，即便电视节目没有什么吸引力也没关系，看看微博上的新闻、朋友圈的动态都能消磨掉时间。到了晚上休息的时间，洗漱整理后定好手机上的闹钟，在黑暗中躺在床上再看一会儿新闻客户端推送的新闻，直到睡意袭来，准备迎接同样忙碌的第二天。

以上描述的一个都市上班族与各类数字终端密不可分的一天，并不是数据标准化后的某个人群的"用户画像"，而是基于本研究中一个被试对自己一天生活的描述整理得来的。这样的"一天"或许对于许多人来说都是具有代表性的，以智能手机、笔记本电脑、台式电脑、平板电脑、智能电视为代表的智能终端设备渗透人们生活的每个缝隙和角落，占据了人们日常生活的大量时间。通过这些终端设备，人们在日常生活的每一天进行着有意识或无意识的重复且琐碎的活动，与其说这些终端设备作为一个技术集合"嵌入"了人们的生活，不如说这些终端设备作为一个重要组成部分支撑着人们的日常生活。

人们对与媒介有关的科技装置和设备介入并影响生活已经习以为常了，从 20 世纪 40 年代固定电话对美国农业生产生活的影响（Fischer，1992），到电视对人们日常生活时间分配的影响（Kubey & Csikszentmihalyi，1990），再到 Pool & Noam（1990）定义的多达约 25 种的新媒介科技装置，这些设备或许已经经历种种改变甚至已被淘汰，但不断出现的新设备对人们生活的影响从来没有消失或减弱过，而当下这种影响的强度和变化的剧烈程度或许是前所未有的。根据思科 2017 年基于现有数据的分析，全球移动终端（mobile devices）的数量从 2015 年的 76 亿增长至 2016 年的 80 亿，并预期在 2021 年全球人均占有 1.5 个移动终端（CISCO，2017）。① 此数据中并不包含台式机、智能电视等非移动终端，如果将这些终端也考虑进去的话，人均占有智能终端（smart devices）的数量只会成倍增加。这意味着除去某些移动终端未完全普及的地区，当下全球范围内大量人群已拥有一台以上的智能

2

———————

① 　https：//www.cisco.com/c/en/us/solutions/collateral/service-provider/visual-networking-index-vni/mobile-white-paper-c11-520862.html.

设备，而在美国已有 60% 的成年人每天至少使用两个终端（Robinson，2014）。① 从这些数据所反映的情况看，就不难解释为何本书开篇受访者描述的与各种终端有关的日常生活具有一定的代表性，这样的现象被称为"多终端拥有（multi-device ownership）"（Ivaturi & Chua，2015）。人们每天的日常生活中都有大量时间被各种终端包围，甚至由各种终端形成一个独特的"环境"，人们有意无意地通过各种终端进行着各种琐碎重复的日常活动，形成了一个多终端研究视角下的日常生活图景。也正是由于人们已逐渐对这样被多个终端包围的生活情景习以为常，而渐渐忽略了多终端使用行为对许多人而言只是近几年才变得不那么特殊，对这些"习以为常"又"特殊"的行为的关注也是本研究的起点。

1.2　多终端的发展趋势

"多终端"的含义有多个角度和层次，其能指在不同研究或不同领域内也存在差异，"多"在个体使用终端的语义中可以是"多个"的意思，而从整体的范围考虑常常表达的是"多种"的意思。"多终端"在研究中既可以表示人们拥有多个终端的状态或多个终端组成的所谓"多终端环境"，也可以表示同时使用两个及以上终端的行为。在描述整体的发展趋势时，"多终端"通常意味着使用者拥有或使用多个终端的状态而非同时使用多个终端的行为。

在上述界定的基础上，所谓多终端的发展趋势是指人们拥有、使用多个终端情况的变化。除"多终端"的论调外，由于智能手机的普及和其计算能力、可实现功能的发展，终端数量逐渐减少，

3

---

① https：//blog. gfk. com/2014/03/finding-simplicity-in-a-multi-device-world/.

进而由单一智能设备完成日常所有功能需求的论调也逐渐出现。关于智能手机成为首选智能终端，甚至取代电脑成为唯一智能设备的讨论也不绝于耳（Hamblen，2014；Valcarcel，2015）。①② 因此为了从总体上了解多终端的趋势是否在一定时间内仍向着"越来越多"的方向发展，即是否仍是"多终端"的发展趋势，可以通过年龄差异、逐年变化趋势、国内外对比等角度对终端拥有、使用情况进行分析。

（1）年龄差异

年龄差异是指不同年龄分布的群体在多终端拥有、使用情况上的差异。年龄分布的分类除按照特定年龄段外还常按照世代进行区分。世代或年龄队列（age cohort）指的是生活在同一年代，处于相同文化、经济、政治、科技等环境下，具有紧密联系、相似购买行为的人群（Solomon，2018；苏建州，2006）。对于世代的区分也有不同的依据和分类方式，近似分类方式在具体年份上也存在差异，不同国家地区的群体在区分上也各不相同。Nielsen（2017）公司在多终端拥有情况的调查中将世代分为婴儿潮一代（1947—1964 年出生）、X 一代（1965—1979 年出生）、千禧一代（1980—1996 年出生）、Z 一代（1997—2015 年出生）四类，这与 Assael（1998）、Hawkins 等（2010）提出的分类近似，具有一定的代表性和适用性。

根据图 1.1 中四个世代对于五种终端的拥有情况看，婴儿潮一代不同终端拥有比例要明显少于其他三个世代，尤其是游戏机和智能电视（激活）。X 一代、千禧一代和 Z 一代各终端的拥有比例都相对较高，差异并不明显，说明终端拥有数量并不完全根据年龄增长而减少，而是具有一定世代差异。

图 1.2 和图 1.3 两组数据来自 Google 对中国使用者调查的情

---

① https：//www.computerworld.com/article/2856188/growing-reliance-seen-on-smartphones-and-tablets-over-laptops-and-pcs.html.

② https：//www.wired.com/2015/02/smartphone-only-computer/.

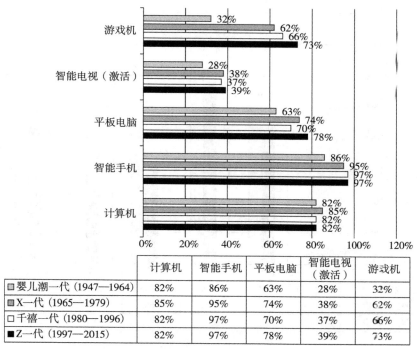

	计算机	智能手机	平板电脑	智能电视（激活）	游戏机
▨ 婴儿潮一代（1947—1964）	82%	86%	63%	28%	32%
▩ X一代（1965—1979）	85%	95%	74%	38%	62%
▢ 千禧一代（1980—1996）	82%	97%	70%	37%	66%
▪ Z一代（1997—2015）	82%	97%	78%	39%	73%

图1.1　不同世代拥有终端比例①

况，分别表示了25岁以下、25～34岁、35～44岁这三个终端使用较为活跃的年龄段（CNNIC，2017）的多终端使用情况。从可联网终端使用数量上看，三个年龄段中已没有不使用任何终端的受访者，而25岁以下及25～34岁群体在3个以上可联网终端使用上比35～44岁群体比例更高（如图1.2）。从使用终端类型的情况看，三个年龄段情况较为接近，主要的使用终端是智能手机、计算机和电视，且三类终端的使用比例都较高（如图1.3）。

（2）逐年变化趋势

5

———————————

① 数据来源为 http：//www.nielsen.com/us/en/insights/reports/2017/the-nielsen-total-audience-report-q1-2017.html.

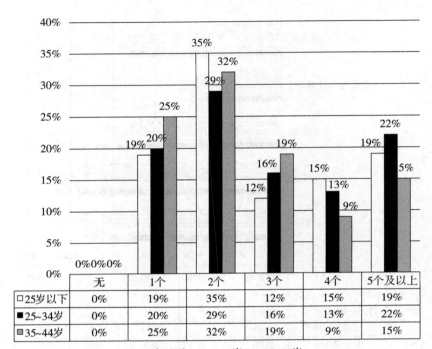

	无	1个	2个	3个	4个	5个及以上
□25岁以下	0%	19%	35%	12%	15%	19%
■25~34岁	0%	20%	29%	16%	13%	22%
▨35~44岁	0%	25%	32%	19%	9%	15%

□25岁以下　■25~34岁　▨35~44岁

图 1.2　可联网终端使用数量比例（中国，2017）①

多终端使用情况的逐年变化趋势能够比较直观地反映多终端的发展趋势，在中国 25~34 岁群体中，个人使用终端数量基本呈逐年增长的趋势，从 2012 年的人均 1.8 台增至 2017 年的人均 3.4 台（如图 1.4）。如图 1.5 所示，两终端和三终端使用者比例的变化差异较大，三终端使用者比例逐渐增长，增幅较高的 2012—2013 年增长了 11 个百分点。两终端使用者比例在 2014 年后逐年下降，2017 年已低于 2012 年的比例，参考单一终端使用者人数，说明使用三个及以上终端的使用者越来越多，且增长稳

① 数据来源为 https：//www.consumerbarometer.com/en.

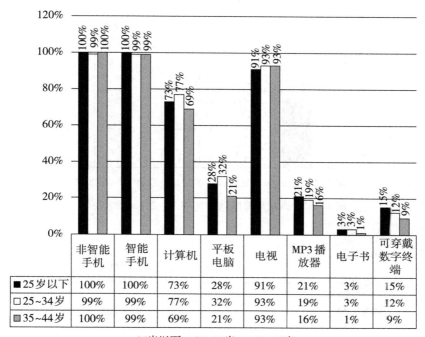

图 1.3 使用终端设备的类型比例①

定，而单一终端使用者会继续减少，甚至有可能逐渐变为使用群体的"少数派"。

（3）国内外对比

通过国内外多终端使用情况的比较，可以了解相对其他国家，中国多终端使用的发展情况，结合经济发展的情况可以作为预测未来多终端发展走向的参考。图 1.6 所示为中美可联网终端使用数量比例的对比情况，25～34 岁群体中，中国没有不使用数字终端的受访者，单一终端和两终端使用者比例高于美国；三终端使用者比例中美持平；四个及以上终端使用者比例美国明显高于中国。如果以

7

---

① 数据来源为 https：//www. consumerbarometer. com/en.

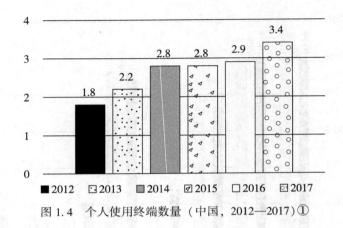

图 1.4 个人使用终端数量（中国，2012—2017）①

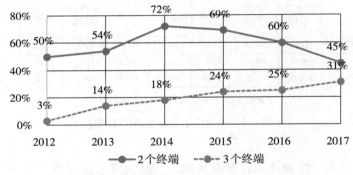

图 1.5 多终端使用比例（中国，2012—2017）②

"使用终端数量多代表多终端发展较快"这一条件为前提，美国多终端使用情况较中国更为领先。在使用终端的类型对比上，同为25~34 岁年龄段人群，主要差异在平板电脑、电子书、可穿戴数字终端三类终端，美国明显高于中国（如图 1.7）。

综合三个方面数据的情况不难发现，多终端的发展趋势是个体

---

① 数据来源为 https：//www. consumerbarometer. com/en.
② 数据来源为 https：//www. consumerbarometer. com/en.

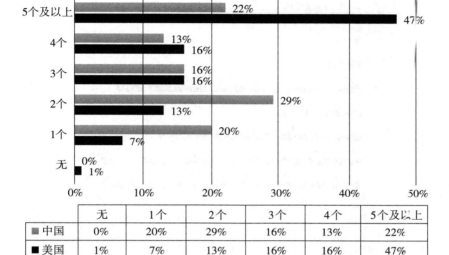

图 1.6 中美可联网终端使用数量比例对比 (2017 年)①

拥有、使用的终端越来越多，终端类型越来越丰富，使用两个以上终端的使用者比例会越来越高，这也意味着在终端消费、使用的整体情况方面，"多终端化"仍是未来重要的发展趋势之一，势必会继续对产品研发、内容销售等相关商业领域产生影响。

针对多终端相关或相近议题的研究开展较早，但由于涉及学科和研究切入角度不同，研究关注的问题相对分散。近年在多终端发展的趋势下，业界意识到多终端研究对相关商业应用方面的重要价值，相关的研究逐渐丰富，成为业界和学界共同关注的热点。2012年 Google 发布了一个关于多屏（Multi-screen）的研究报告 *The New Multi-screen World：Understanding Cross-platform Consumer Behavior*，②

9

————————

① 数据来源为 https：//www. consumerbarometer. com/en.

② Google. The New Multi-screen World：Understanding Cross-platform Consumer Behavior ［Z］. U. S. 2012，1-45.

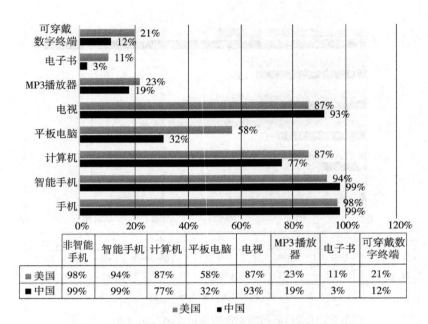

	非智能手机	智能手机	计算机	平板电脑	电视	MP3播放器	电子书	可穿戴数字终端
■美国	98%	94%	87%	58%	87%	23%	11%	21%
■中国	99%	99%	77%	32%	93%	19%	3%	12%

■美国 ■中国

图 1.7　中美使用终端设备的类型比例（2017 年）①

第二年微软也发布了关于多屏用户行为的报告,② 两大行业巨头先后针对同一个领域开展研究，引起了业界的大量关注并意识到多终端议题的重要性。实际上，以 Nielsen 公司为代表的许多公司或机构在更早就已经关注多终端相关的发展动态，Nielsen 公司至少在2008 年就已经开始定期发布"三屏（Three Screen）"用户使用行为和消费行为的相关报告,③ Alcatel-Lucent 公司 2009 年就已颇具煽动性地宣称"通过多屏服务的业务，服务提供商有赚取上亿美

10

---

① 数据来源为 https：//www. consumerbarometer. com/en.

② Microsoft. Cross-Screen Engagement：Multi-screen Pathways Reveal New Opportunities for Marketers to Reach and Engage Consumers ［Z］. Microsoft Advertising, Flamingo & Ipsos OTX, 2013：5-30.

③ Nielsen Company. A2/M2 Three Screen Report（3rd Quarter 2008）［R］. Nielsen Company, 2008.

元的机会，或者将它拱手让与竞争对手"①（Alcatel-Lucent，2009），也能充分说明当时业界对此议题的热情。Google 研究报告具有较高的影响力，一方面是由于 2010 年 iPad 发布后，平板电脑开始普及，客观上丰富了终端种类，使业界意识到智能终端发展的新动态；另一方面在于相比 Nielsen 等公司先前报告侧重使用者对内容的消费，Google 颇具前瞻性地引入了多终端使用模式和情境的探讨，更具有启发性。此后越来越多相关行业的公司开始发布多终端使用相关的报告，主要关注点仍是多终端使用者内容消费的情况和基本的使用行为，着眼点以广告、视频内容消费为主。Levin（2014）提出针对多终端体验的设计并进行了论述，关于多终端相关设计活动和对应的研究开始受到关注。与 Google 等公司主要关注多终端广告投放、收视情况等不同，多终端相关设计研究更侧重通过对使用者行为的研究分析为相关设计活动提供指导，这对于软硬件设计、产品服务的设计规划等具有重要意义。总体而言，尽管多终端相关研究尚处于起步阶段，但近年来大量业界的研究介入客观上促进了学术研究的进一步开展和不同领域研究的相互借鉴，为学术研究明确了对应的市场需求和动力。

1.3 多终端研究的目的及价值

1.3.1 研究目的

如果说智能手机的普及意味着其代表的移动计算技术超越了个

11

---

① http：//images. tmcnet. com/online-communities/ngc/pdfs/multimedia/whitepapers/The-Multi-Screen-Experience-A-global-overview-of-consumer-demand. pdf.

人层面对整个社会和人们的日常生活产生了深远的影响，① 那么随着平板电脑、可穿戴数字终端、电子书等终端的出现和广泛使用，数字媒介设备对人们生活的影响力与日俱增，超乎所有人的预期。与计算机作为生产工具对人们生产劳动的改变不同，现今各种智能终端渗透了人们日常生活的各个方面，在这样的多终端环境下，人们是如何使用各种终端设备的，又是哪些因素在影响人们的多终端使用行为，就成为重要的问题，亦即本研究的核心。

多终端研究大体上可以分为两个主题：第一，对各个终端使用情况及规律的研究，本研究将其称为针对"多终端环境"下终端使用的研究；第二，对两个及以上终端同时使用的行为的研究，即为"多终端使用研究"。以这两个主题研究的区分为前提，本书研究的主要目的如下：

（1）了解日常生活中的多终端环境下，人们使用各种终端的规律。

（2）探讨日常生活中人们多终端使用行为的动机。

（3）分析哪些因素影响人们在日常生活中的多终端使用行为，以及它们是如何影响的。

1.3.2　研究意义

本研究在理论意义方面有如下三点：

（1）本研究在多终端环境（多终端生态系统）的框架下对使用者的多终端使用行为进行了研究。既往研究中针对多终端环境的探讨多为概念层面，较少涉及使用者行为，或仅针对单一终端特定功能的使用展开。本研究在多终端环境的框架下提取了主要使用情境和使用模式，对主要使用模式对应的功能行为进行了分析，丰富了多终端环境研究的内容。

（2）本研究在既往研究的基础上，对多终端使用的动机进行

---

① ［美］迈克尔·塞勒. 移动浪潮：移动智能如何改变世界［M］. 邹韬，译. 北京：中信出版社，2013.

了实证研究。已有多终端使用动机的研究较少，且以媒介共用视角为主，本研究通过因子分析、回归分析对多终端使用动机进行了进一步分类和验证，并明确了习惯在多终端使用动机中的作用。

（3）本研究针对多终端使用行为中无意识的部分提出了新的多终端使用模式，在此基础之上参考 Triandis、技术接受等模型，建立了多终端使用行为模型，并通过结构方程模型方法对模型和各影响因素进行了验证，可以作为后续研究的理论基础。

本研究在现实意义方面有如下两点：

（1）本研究对多终端环境和多终端使用动机的研究可以为多终端领域相关的软硬件设计、用户界面设计等设计实践提供有力的依据和参考。对多终端环境和多终端使用动机的了解是相关设计实践的基础，在此基础上对使用者相关的使用行为进行分析预测，进而规划和指导设计活动。

（2）本研究对多终端使用行为模式的研究，及建立并经验证的多终端使用行为模型可以用于预测和解释消费者日常的多终端使用行为，并直接指导多终端广告投放、多终端视频营销、多终端购物等商业领域的业务规划和开展。

1.4 本书结构

本书各章主要内容安排如下：

第一章为绪论，主要介绍研究的背景、研究目的和研究意义。

第二章为多终端的概念，对多终端、多终端环境、多终端使用行为等概念相关的文献进行梳理和分析，以明确本书中主要对象的概念及关联，进而划定研究范围。

第三章为"日常生活"与"多终端"，从"日常生活"理论出发，结合技术应用相关理论，对日常生活视角下的多终端使用进行探讨。通过对相关文献的梳理和相关理论的分析，确定本书的研究层次，作为后续研究开展的基础和指导。

第四章为多终端环境与多终端使用行为研究，主要包括两部分，首先，通过调查问卷了解各类终端拥有、使用的基本情况并以此为依据筛选被试和受访者，结合使用数据实地采集和访谈研究的结果，分析多终端环境下终端使用的规律。其次，通过使用数据实地采集辅助的访谈研究结果，了解受访者多终端使用行为可能的影响因素，作为后续研究的准备。

第五章为多终端使用动机研究，将第四章访谈得到的相关动机因素与既往研究中得到的相关动机因素整合，通过问卷调查和回归分析，了解多终端使用动机的影响因素和作用机制。验证习惯因素对多终端使用行为的影响，作为后续研究中模型建立的支持。

第六章为多终端使用行为影响因素研究，以第四章和第五章相关研究结论为基础，建立多终端使用行为模型，通过调查问卷获得测量数据，以结构方程模型方法进行模型评估和假设检验。

第七章为总结与展望，整理总结本书相关研究结论，并提出现有研究的不足和后续可能的研究发展方向。

2　多终端的概念

2.1　多终端相关概念的辨析

在与"多终端"相关的研究中，有许多表述不同但研究内容相近的议题和概念，如"多屏"（multi-screen、multiscreening、multi-screening）、"共时性媒介使用"（simultaneous media usage）、"媒介多任务"（media multitasking）等。这些概念既有意义上的关联和研究体系的交叉，又在研究范围和研究对象上存在一定差异，因此需要对这些概念进行辨析以明确本研究探讨的研究范围和对象。

"多终端"作为一个学术术语并不能准确概括特定的研究议题，而是多终端程序设计、多终端界面设计、多终端使用行为、多终端管理等许多议题的简称，这在一定程度上造成了相关概念的混淆。作为学术术语的"多终端"出现较早，20世纪七八十年代甚至更早便已出现以"多终端"为名的专利和研究，在计算机逐渐普及并进入各领域研究视野后，"多终端"常代表"多个计算机终端"在各类研究中出现。因而当下在关于程序设计、界面设计的研究中，"多终端"往往是不需要进行解释的概念，在对应的研究语境下是"不言自明"的。其解释就如字面的意思，"多个终端"或"多个终端之间"，具体的终端类型在各个研究中会具体指明，这就意味着这些研究中"多终端"并不代表特定的"模式"或

"类型"，而是研究涉及的具体终端。而"终端"的含义在当下各类研究中分歧相对较小，一般指"计算终端"（computing device）（Dearman & Pierce，2008；Paay 等，2016），有时也指"数字终端"（digital device）或"智能终端"（smart device），以 Google（2012）、Microsoft（2013）等研究的观点为代表，这些"终端"主要包括但不限于日常生活中常见的数字设备如智能手机、台式计算机、笔记本电脑、平板电脑、智能电视、电子书、可穿戴电子终端等，根据研究的需要也会将非智能化的手机、电视、音频播放器等设备包含在内。

多屏的概念尽管在不同的研究中也存在一定的差异，但整体而言与多终端的定义较为接近。"多屏"狭义上是指多个屏幕，常见的如一台计算机连接多个屏幕或多块屏幕拼接即为"多屏"。但在更广义的与使用行为相关的层面，多屏表述的是使用行为的现象而非单纯指代屏幕硬件。Cheng 等（2014）将多屏解释为"多屏同时使用"（simultaneous multi-screening），① 即用户同时被一个以上媒介吸引。Peszko（2015）认为多屏是消费者同一时间使用多个可通信（communication）的屏幕的现象。② Segijn 等（2016）对多屏的定义是同时使用多个屏幕的媒介多任务行为。③ 与 Segijn 等的观点相对，Stawicka & Tamborowski（2015）认为多屏是同时（simultaneous）或序列（sequential）使用多个屏幕的媒介多任务（多屏）行为，④ 这一观点与 Google（2012）对多屏（多终端）模

---

① Cheng J W, Otsuka T, Mitomo H. The Effect of Simultaneous Multi-screening on the users' Knowledge of Social Issues in a Highly Mediated Society [C] // European Regional Conference of the International Telecommunications Society, 2014.

② Peszko K. Multiscreening as a Way of Reaching a Consumer-idea and Possibilities [J]. Jagiellonian Journal of Management, 2015 (4)：339-351.

③ Segijn C M, Voorveld H A M, Smit E G. The Underlying Mechanisms of Multiscreening Effects [J]. Journal of Advertising, 2016, 45 (4)：1-12.

④ Stawicka J, Tamborowski P. The Impact of Multiscreening on the Consumer Information Processing Within the Contemporary Media Landscape [D]. Lund：Lund University, 2016.

式的分类较为接近。而 Marsh 等的观点"受众同时（at once）使用多个媒介终端即为多屏"① 基本已经可以等同于本研究中多终端使用行为的概念。因此可以说多屏与多终端使用行为的许多相关研究的研究对象是相同的。多屏研究主要由电视的"双屏"（dual screen）议题发展而来，这些研究中"多屏"通常强调设备的媒介属性，"屏"象征的是一种媒介（media）② 而非屏幕或硬件本身，相对于"屏"呈现的信息内容，设备承载的功能不是重点，因此研究更多关注内容方面，对数字终端的功能考虑相对较少。但由于当下终端智能化的程度越来越高，"移动互联网与受众生活、工作、娱乐的渗透交织状况，使媒体已经无法呈现出独立子系统的样貌"③，相关研究对使用者行为、终端功能特性等因素关注增多，多屏与多终端在使用行为方面的研究逐渐趋同。

"共时性媒介使用"也常被称为媒介共用，即"同时使用两种或两种以上媒介的行为"④ 或"受众在一个时间点（a single point in time）或接近一个时间点，暴露在一个以上媒介系统下的情况"⑤（Pilotta 等，2004；苏建州，2010），此处的媒介是指包括数字媒介在内的所有媒介，因此从媒介的角度看，多终端使用行为是媒介共用的一种形式。

---

① Marsh S, Mhurchu C N, Jiang Y, et al. Modern Screen-Use Behaviors： The Effects of Single- and Multi-Screen Use on Energy Intake ［J］. Journal of Adolescent Health Official Publication of the Society for Adolescent Medicine，2015，56（5）：543.

② Courtois C, D'Heer E. Second Screen Applications and Tablet Users： Constellation, Awareness, Experience, and Interest ［C］// European Conference on Interactive TV and Video. ACM，2012：153-156.

③ 喻国明，吴文汐，何其聪，等. 移动互联网时代我国城市居民媒介接触与使用［M］. 北京：人民日报出版社，2016.

④ 吴文汐. 媒介的力量［M］. 北京：人民日报出版社，2015.

⑤ Pilotta J J, Schultz D E, Drenik G, Rist P. Simultaneous Media Usage： A Critical Consumer Orientation to Media Planning ［J］. Journal of Consumer Behaviour，2004，3（3）：285-292.

同时媒介共用也被认为是"媒介多任务"的一种形式
（Gardner，2008；Hassoun，2014），但各研究对"媒介多任务"的
定义又根据研究主题有所区别。吴文汐（2015）认为媒介多任务
是使用一种媒介的同时进行媒介使用以外的行为，媒介共用则是同
时使用两种媒介的行为。而 Voorveld（2011）则认为媒介多任务是
同时使用多种媒介的行为。Wallis（2010）将媒介多任务分为三
类：第一类是媒介与其他日常行为同时进行，如一边吃饭一边使用
手机；第二类是媒介与媒介的同时使用，如一边看电视一边使用手
机；第三类是单一媒介上同时进行多项任务，如在电脑上同时浏览
多个网页。其中第二类与多终端的研究对象相近，但对任务的划分
存在区别。在 Wallis 的分类基础之上，廖圣清等（2015）还从任
务处理方式的角度，加入了特定时间内进行多个任务和不同任务连
续切换两类。

根据上述相关概念的梳理可以发现，多终端相关的概念众多，
彼此高度相关但又存在显著差异，不同研究会根据研究需要和研究
视角的不同而采取不同的界定，但整体而言有两条线索可以参照。
第一条线索是终端概念的清晰化。在共时性媒介使用、媒介多任务
相关研究中，媒介既包括电视、报纸等传统媒介，也可以包含智能
手机、电脑等智能化媒介设备，此时智能终端设备的多功能性很大
程度上被忽视了，更多强调不同媒介实体的差异，而非行为。但随
着智能手机等智能终端的普及，智能终端与非智能终端在功能上的
差异及对行为的影响已不可忽视了。相对于传统媒介设备功能的单
一，智能终端如智能手机、笔记本电脑等可以通过软件、应用实现
各类功能，且不同终端间能够实现的功能类型越来越相近，此时终
端不单是一台设备而是多种媒介功能的集合。因而在讨论多个智能
终端同时使用的行为时，实际上存在一个隐含的、默认存在的问
题，既然智能终端间在功能上存在可替代性，为什么不在一个终端
上完成所有任务。这一前提的存在实质上将多终端这一概念从众多
相关概念中独立出来。第二条线索是任务的差异化。尽管共时性媒

介使用、媒介多任务相关研究中已考虑到任务的区别，但由于媒介设备功能的分工，任务的类型在一定程度上是基于共识的，如"看电视"就是指收看电视台播放的节目，但在智能电视上还可以玩游戏、收发邮件、处理社交媒体信息等，智能终端的出现使可能完成的任务更复杂了。因而结合情景，日常生活及相关任务的界定就变得格外重要，也会影响对多终端使用行为的定义。综上，使用"多终端"作为主要研究对象在概念的界定上相对准确，可以最大程度上避免概念上的歧义。本研究主要考察终端使用的问题，因此对于与终端使用无关的行为不进行考虑，但与终端使用相关的多屏、媒介多任务、媒介共用等研究仍在本研究讨论的范围之内。

2.2 多终端相关概念的界定

2.2.1 "多终端环境"与"多终端生态系统"

日常生活中常见终端的组合，如智能手机与电视、智能手机与计算机等被一些研究根据不同研究目的概括为"多终端环境"（multi-device environment）或"多终端生态系统"（multi-device ecosystem）。"多终端环境"通常表达的概念与"多终端"相近，即"多个终端间形成的关系或系统"，在一些研究中也是"不言自明"的。而 Ghiani 等（2013）、Okoshi 等（2015）以及 Robertson 等（1996）的研究中尽管未对多终端环境进行明确的定义，但从泛在计算（ubiquitous computing）环境的角度进行了说明，可以认为是将多终端环境作为泛在计算环境或其一部分处理的。Grubert 等（2016）在讨论移动多终端环境（mobile multi-device environment）时将其定义为移动情景下，用以克服各单独终端交互局限，由多个可交互可协同的终端形成的组合。① 对于多终端生态系统，Huber & Ding（2013）参照 Myers（2001）和 Raghunath 等（2003）的研究，借用生物学的生存机制理论，认为为了克服单一终端的各种局限而将不同特性、不同性能的多个终端一起使用的共生环境即为多终端生态系统。② Levin（2014）认为人们并不需要随时随地使用所有终端，而是在不同情境下根据不同的活动以不同的方式使用不同的终端。在这种情境驱动的观点下，多终端就形成了一个更大的生态系统，在这个生态系统中各种终端以不同的方式关联并形成整体，让使用者可以完成他们的目标。对比 Grubert 等（2016）、Huber & Ding（2013）和 Levin（2014）的观点可以发现，多终端环境和多终端生态系统在概念上非常相似，都强调情境的影响和各终端功能的互补协同以应对单一终端的局限。因此本研究将两个概念结合，为了避免"生态系统"隐含的"生态竞争"概念的干扰，使用"多终端环境"进行表述。本研究将"多终端环境"定义为不同情境下，为了克服各个终端单独使用的局限，由多个终端以不同形式组成的可供使用者完成特定目标的系统。

2.2.2　多终端使用行为

在确定多终端环境概念的情况下，"多终端使用行为"依据字面的意思可以表达两种含义。首先，可以表达"多终端环境下各终端的使用行为"的意思；其次，还可以表示这些使用行为中的特殊情况，即"多个（两个及以上）终端同时使用"的意思。为了表述简洁准确，本研究把前者称为各终端使用行为或多终端

---

① Grubert J, Kranz M, Quigley A. Challenges in Mobile Multi-device Ecosystems［J］. Mux the Journal of Mobile User Experience, 2016, 5（1）：5.

② Myers B A. Using Handhelds and PCs Together［J］. Communications of the Acm, 2001, 44（11）：34-41.

环境下某种终端的使用行为；后者则称为"多终端使用行为"，即为本研究的核心研究对象。Ivaturi & Chua（2015）将"多数字终端使用"（multi-digital device usage）视为一种现象，即人们同时（simultaneously）使用多个数字终端。参照此概念，本研究将"多终端使用行为"定义为使用者同时使用两个及以上终端的行为。

2.2.3 多终端使用行为模式

基于多终端使用行为的定义，多终端使用可以进一步归纳为不同的使用模式。多终端使用模式并没有明确的定义，而是对使用者多终端使用的方式、目的的经验性总结。Google（2012）提出的多屏（多终端）模式（modes of multi-screening）被许多后续研究采纳，具有较高的价值和影响力。Google 提出了两种主要的多终端使用行为模式，序列使用（sequential usage）和同时使用（simultaneous usage），序列使用是指在不同时间从一个终端（原文为"device"）转到另一个终端以完成一个任务（task）。同时使用是指同一时间使用一个以上终端进行相关或无关的活动，进行无关活动（unrelated activity）的情况称为多任务（multi-tasking），进行有关活动（related activity）的情况称为互补使用（complementary usage）。同时 Google 的研究还充分考虑了情境在多终端使用中的作用，认为多终端使用模式与情境相关联。Google 的多屏模式是将任务与终端使用组合进行综合考虑的，能够概括日常多终端使用的模式类型。与 Google 提出的模式相似，Ivaturi & Chua（2015）按照活动类型（activity type）和任务（task）两个维度结合进行模式的划分，活动类型分为序列和同时，任务分为单一任务（single task）和多任务（multiple tasks），分别组合形成共四类多终端使用模式，具体内容见表 2.1。

21

表 2.1 **Ivaturi & Chua（2015）提出的活动类型-任务模式**①

任务 （Task）	活动类型（Activity Type）	
	序列（Sequential）	同时（Simultaneous）
单一任务 （Single task）	使用多个终端在不同时间完成一个明确的任务	同一时间使用多个终端完成一个明确的任务
多任务 （Multiple tasks）	使用者有序地处理多个任务，而不是处理单一任务	同一时间使用多个终端完成不同的任务

Levin（2014）并未直接对多终端使用模式进行阐释，而是通过对多终端体验设计提出了"3Cs 框架"②，即"一致"（consistent）、"延续"（continuous）、"互补"（complementary）三种多终端体验。"一致"是指不同终端同样的应用或服务的体验应是一致的；"延续"是指使用者在改变终端或情境时完成同样的任务时体验应具有延续性；"互补"是指不同终端同时使用可以创造出新的使用体验。Microsoft（2013）关于多终端使用模式的研究更为全面，在四种使用模式的基础上还包含对应的使用情境和需求，其中四种路径（pathway）分别是内容放牧（Content Grazing）、调查型蛛网（Investigative Spider-Webbing）、社交型蛛网（Social Spider-Webbing）、量子（Quantum）。内容放牧是指同时使用一个以上终端接收无关联的内容，也被称为"多任务"；调查型蛛网是指同时使用一个以上终端接收有关联的内容，此种情况下使用者常为信息查找的行为；社交型蛛网与调查型蛛网相对，也是同时使用一个以上终端，但主要目的在于社交，内容只是"催化剂"（catalyst），主要目的在于分享和联络，例如，看电视时将看到的内容与朋友通过手机上的社交媒体分享；量子是指针对同一个目标

---

① Ivaturi K, Chua C. Exploring multi digital device usage：A sociomaterial perspective［C］// Thirty Sixth International Conference on Information Systems, Fort Worth，2015.

② Levin M. Designing Multi-Device Experiences［M］. Sevastopol：O'Reilly Media，2014.

在不同时间和情境下序列使用多个终端的情况。Microsoft 提出的四种模式本质上与 Google 的观点接近，但在特定模式上根据内容进行了细分，但加入内容的差异使分类不够简洁且容易产生歧义，因而相对 Google 的模式分类应用较少，而每种模式对应的情境、时间、需求等内容对本研究具有一定的参考价值，具体内容见表2.2。

表 2.2　　**Microsoft（2013）提出的多终端使用模式**①

	内容放牧	调查型蛛网	社交型蛛网	量子
主导活动	放松 娱乐	放松 娱乐 购物及其他任务	社交 休闲	购物 其他任务
多屏最常见原因	习惯 消遣	查找细节 设计	与他人联络	效率 地点转换 更好的用户体验
多发时间段	早晨 晚上	晚上和夜里	早晨 中午 晚上	早晨 下午 晚上
使用情景	工作场景 便携使用 家庭场景	家庭场景	家庭场景	工作场景 便携使用
主导需求	控制	认知 持久 休闲	休闲 高兴 归属感	能量 认知 持久 安全

通过对上述多终端使用模式的梳理可以发现各模式间具有较强的联系，Google 提出的模式具有一定的通用性和概括性，Microsoft

---

① Microsoft. Cross-Screen Engagement：Multi-screen Pathways Reveal New Opportunities for Marketers to Reach and Engage Consumers ［Z］. Microsoft Advertising，Flamingo & Ipsos OTX，2013：5-30.

的观点则较为全面。本研究的核心研究对象为多终端使用行为，对应 Google 提出的模式中的同时使用，因此活动已限定为多终端同时使用，根据任务类型差异可以分为多终端多任务行为和多终端相关任务行为两类任务行为研究对象，具体定义如下：

多终端多任务行为定义为使用者同时使用两个及以上终端进行两个及以上无关联任务的行为活动。

多终端相关任务行为定义为使用者同时使用两个及以上终端进行相关联的行为以完成一个任务目标的活动。

3 "日常生活"与"多终端"

3.1 "日常生活"理论

如果将多终端使用的情景放置回人们的日常生活中可以发现，日常生活也具有多个层次和面向，它既是哲学层面的，也可以是基于朴素的生活经验的，还可以是技术性的，因而需要对不同层次的"日常生活"进行分析。

20世纪早期，西方哲学家针对资本主义工业文明发展导致的一系列社会关系的矛盾，开始对传统理性思维进行反思，在理论上向现实日常生活回归，成为一次重要的理论转向（张贞，2006），并在其后影响了其他学科对"日常生活"的关注。20世纪30年代，在德国法西斯主义盛行的情况下，胡塞尔意识到欧洲科学危机的状况，人们用实证主义科学观主导的科学世界取代了生活世界。为了解决这一问题，他在《生活世界现象学》和《欧洲科学的危机和超越论的现象学》中提出并论述了生活世界理论。胡塞尔所指的生活世界是先验性的"经验世界"，是由主体构成的"群体化的世界"（胡塞尔，2005），与科学世界相对，科学世界产生于生活世界并以生活世界为基础。胡塞尔的生活世界理论将哲学理论由特定的社会生活拓展到日常生活领域，明确了日常生活和非日常生活的紧密关联，指出哲学应该回归并研究生活世界（衣俊卿，

1994），而非将其排除在科学研究之外。卢卡奇以艺术起源和艺术本质的讨论为起点，在《审美特性》中论述了他的日常生活批判理论。他将日常生活比作"长河"，"科技"和"艺术"由日常生活分流，再通过对日常生活的影响重新注入这条"长河"，① 即科技、艺术等人类高级活动都是以日常生活为基础的，它们会通过对生活的作用和影响重新回归日常生活。卢卡奇对科技、艺术与日常生活的关系的观点对后续相关领域的理论产生了重要的影响。与卢卡奇相近，列斐伏尔也是从马克思异化理论出发关注日常生活的。他认为日常生活研究的对象不只是抽象的哲学概念，更应该是日常生活活动。日常生活是不断循环的重复，日常生活的所有活动都呈现于循环的、琐碎的重复中，是个体生存并再生产的基础（Lefebvre，1971；Highmore，2001）。列斐伏尔认为，在资本主义国家，人类活动常变为商品用于交换，如休闲活动是为了逃避日常生活的单调重复，工作则是为了换取休闲的时间。与列斐伏尔的悲观不同，德塞都的理论相对乐观，他总体上认可资本主义对人们生活的控制，认为人们在日常生活中的活动通过"抵制"（resistance）而谋得平衡。"抵制"并非直接的对抗，而是通过"战术""逃避"但又不离开压制力量的势力范围。经典的例子为"假发"（la perruque）战术，即在工作时间装作为雇主工作，实际上通过使用雇主提供的工具、时间等资源为自己工作，例如，秘书在上班的时候写了一封情书，木工用工厂的车床为自己制作家具。② 德塞都的理论为解释日常生活生产者、消费者关系及文化消费行为提供了重要的支持。作为卢卡奇的学生，赫勒的日常生活理论与卢卡奇的理论有一定的关联，她主张日常生活是"使社会再生产成为可能的个体再生产要素的集合"③。一般日常生活具有重

---

① 卢卡契，徐恒醇. 审美特性［M］. 北京：中国社会科学出版社，1985.

② De Certeau M. The Practice of Everyday Life［M］. University of California Press，1984.

③ ［匈牙利］阿格妮丝·赫勒. 日常生活［M］. 衣俊卿，译. 重庆：重庆出版社，1990.

复性和稳定性，且更多依据经验形成的与习惯吻合的"图式"而非科学论证进行活动。

在对上述哲学层面日常生活理论的梳理的基础之上，可以在本研究涉及的范畴内大致了解日常生活相应的意涵。在当下的"信息化社会"下，人们可以说是生活在"技术化的生活形式"（technological forms of life）① 中的，在日常生活中通过不断重复的生活活动、日常生活空间、家庭社会关系、例行事务、文化活动等一系列琐碎的活动进而感知外部世界（Highmore，2001；Lister 等，2009）。而这些活动有时是习惯性的，甚至是"没有意识地意识到的、世俗的事件，在人们预料的范围内悄然地展开"②。在此过程中，人们往往通过"技术"理解周遭的世界，"技术"不再只单纯地代表工具、机器，人们不仅使用它们，更"生活于其中"③。

3.2 技术应用视角下的"日常生活"

3.2.1 技术-社会角度

技术应用视角下"日常生活"的解读在很大程度上是技术与社会关系相关观点的继承。技术决定论和社会决定论是被讨论最多的两类观点，技术决定论并非某个严格的理论，而是一系列在不同领域持相近观点的理论的集合，总体而言，被划入技术决定论的观点都认为技术决定和塑造了社会。而与技术决定论针锋相对，从Trever Pinch 和 Wiebe Bijker 将建构主义引入技术研究领域后，社

27

① Lash S. Critique of Information［M］. SAGE Publications，2002.

② 王杰文. 日常生活与媒介化的"他者"［J］. 现代传播：中国传媒大学学报，2011，1（8）：19-22.

③ 曹家荣. 理解行动电话：流动的媒介与日常生活［D］. 台北：台湾政治大学，2011.

会决定论的相关观点逐渐发展，以技术的社会形塑论为代表，对相关领域的技术研究产生了巨大的影响。尽管社会决定论的相关理论也存在差异，但整体上，社会决定论认为技术是由社会决定的，社会形塑了技术。技术决定论和社会决定论的二元对立也暴露了各自的理论缺陷，如技术决定论忽视了技术产生的社会历史背景，而社会决定论则在一定程度上否定了技术发展对社会进程的推进和改造。基于此，包括备受关注的行动者网络理论在内的调和技术和社会二分对立的观点开始占据一席之地。与本研究关系最为紧密的"驯化"理论即为此类观点中的一种。

对"驯化"法的研究和发展，许多研究者都作出了努力和贡献，其中影响最广、与本研究关联强的是 Roger Silverston 和 Leslie Haddon 的理论。Silverston 认为"驯化"是发生于人们日常生活的，是微观甚至琐碎的（Silverstone，2002）。典型的例子是当时代表新的媒介技术设备出现的电视，首先作为商品被消费进而进入购买者的家庭，然后在其家庭中实现作为媒介技术设备的功能，即"通过人们在日常生活中的使用，以及这种使用对日常生活的形塑，而实现其社会和文化意义"①。这一过程即为"驯化"。Haddon 认为"驯化"主要有四个特点，其重点在于消费而非购买；使用必须是一个过程；"驯化"是持续的，而不是"一次性的过程"；"驯化"不仅是个体的心理活动，也是个体间的社会互动（Haddon，2001；Ling，2008）。在"驯化"的过程中，人们通过"想象"（imagination）使新型媒介技术设备进入消费者的意识；经过消费过程"拥有"（appropriation）这一媒介技术设备；通过考虑如何安置电视机等行为"客体化"（objectification），表达人们的意识形态；再通过使用将媒介技术设备"并入"（incorporation）日常生活；进而"转化"（conversion）为日常生活的基础设备，并重新界定家庭与社会、家庭内部的界限（Silverstone，

28

———————————

① 潘忠党．"玩转我的 iPhone，搞定我的世界！"——探讨新传媒技术应用中的"中介化"和"驯化" ［J］. 苏州大学学报（哲学社会科学版），2014（4）：153-162.

1994；Ling，2008；潘忠党，2014）。将"驯化"置于本研究的视角下，各个终端的使用都经历了"驯化"的过程，只不过各个终端被"驯化"的环境不仅有家庭，还包括个人、工作环境等，这也导致各个终端的"角色"产生差异，它们不单单实现了各自的"功能"，也通过"并入"日常生活共同形成了各种新的"界限"，甚至进而开始反向"驯化"使用者自身。"驯化"法是对日常生活中微观现象的解释方法，而非观照宏观现象的理论。"驯化"强调其过程中重复、琐碎、无意识的行为，且在外部环境、使用者及媒介设备之间建立了关联。这些观点对本研究在理论层面建构终端与日常生活的关系提供了重要的理论支持。

3.2.2 发展-环境角度

与技术-社会角度从整体的视野考虑技术与社会和日常生活关系不同，发展-环境角度是以个体在包括技术在内的各层级环境（或生态系统）中的发展成长为切入点的。Johnson & Puplampu（2008）以 Urie Bronfenbrenner 的生态系统理论为基础，针对儿童发展问题提出了生态学技术子系统（The Ecological Techno-Subsystem）（如图 3.1）。此系统以儿童为核心，由各类数码设备组成技术子系统，子系统外又按层级分为微系统、间系统，直至社会意识形态和文化价值观层面的宏系统及时间系统。①

喻国明等（2016）也以 Urie Bronfenbrenner 的生态系统理论结合 Erik H Erikson 人格发展理论为基础，建立了针对移动互联网媒介接触研究框架（如图 3.2）。其中包含五个层次，分别是内环境，包括人格特征、媒介素养等因素；微观环境，包括移动互联网接触行为和习惯等因素；中观环境，包括其他媒介接触行为等因素；宏

29

① 杨晓辉，王腊梅，朱莉琪. 电子媒体的使用与儿童发展——基于生态科技微系统理论的视角 [J]. 心理科学，2014（4）：920-924.

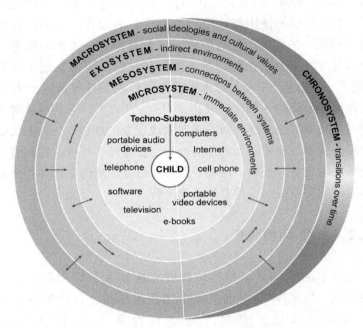

图 3.1　生态学技术子系统示意图①

观环境，包括媒介环境、生活环境、工作环境等因素；外层环境，包括政治法律、经济、社会文化因素。

上述两个系统都以生态系统理论为基础，建立了包含技术（媒介技术）在内的各级环境，相对于"驯化"法对技术设备在日常生活中"驯化"过程的分析，发展-环境视角更强调人们所处的各级环境的结构性关联，能够更好地从各级环境与行为的关系角度对人们使用技术设备的行为进行阐释，但对于各层环境间的划分和各层环境间的关联的探讨相对复杂。

30

① Johnson G, Puplampu K. A Conceptual Framework for Understanding the Effect of the Internet on Child Development: The Ecological Techno-subsystem [J]. Canadian Journal of Learning and Technology, 2008 (34): 19-28.

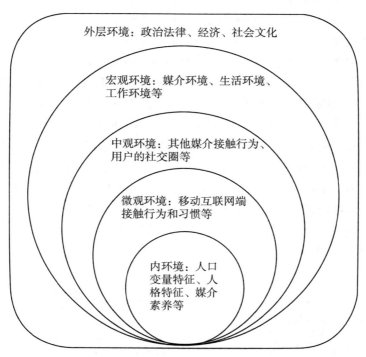

图 3.2 移动互联网媒介接触研究框架①

🗒 3.3 "多终端"的研究层次

基于上述关于日常生活与媒介技术关系的论述，可以推断多终端作为媒介技术的一种形式，也必然包括于这些关系中，而具体到多终端研究的范畴内，研究也是以不同且相关的层次展开的。多终端主要涉及的议题有多终端环境、多终端使用动机和多终端使用行

---

① 省略部分文字内容，资料来源：喻国明，吴文汐，何其聪，等. 移动互联网时代我国城市居民媒介接触与使用［M］. 北京：人民日报出版社，2016.

为，这些议题间存在一定的联系，因此研究是按不同层次展开的。Benbunan-Fich 等（2009；2011）认为多任务情境（context）主要包括使用者、任务、技术和情境（situations）几个主要因素。这一观点中多任务情境实质上即为多任务发生的所有因素的总和，其中的各主要因素即为分析多任务行为时需要考虑的四个方面。Park（2014）则将多任务研究分为关于内部因素的和关于外部因素的两类，内部因素主要指多任务行为发生的脑机制因素，如记忆、注意等；外部因素则指任务、技术、情境等影响人们多任务行为的因素。Park（2011，转引 Park，2014）将多任务使用因素的分析框架分为三个层次，第一层次为使用者与情境的关联，包括工作环境、沟通模式等；第二层次为软硬件使用行为，包括多终端、多媒体平台等；第三层次为脑机制对使用者多任务的影响，包括记忆、注意等（如图 3.3）。

图 3.3　使用者多任务情境内外部因素分析框架①

这样的研究层次划分，对本研究具有重要的借鉴意义，但需注意的是，各层次之间并非割裂的，而是根据研究的角度和主题进行的划分。本研究主要讨论多终端使用行为，因此对于脑机制的研究

① Park J H. Flow in Multitasking：The Effects of Motivation, Artifact, and Task Factors ［D］. Austin：The University of Texas at Austin, 2014.

较少涉及，考虑到相关研究涉及的内容，以多终端使用动机作为使用者内部环境的研究对象。Kuutti（1995）在讨论人机交互问题时以活动理论（activity theory）为基础，将活动过程总结为"以动机为出发点，其次是行动归属在活动之下，以目标为导向，最后是操作，但可能因状况（condition）改变而有所改变"①，这一结构也将动机、行动、任务目标、外部情境整合在同一框架下进行讨论，对本研究研究层次的确定同样具有一定指导意义（如图3.4）。

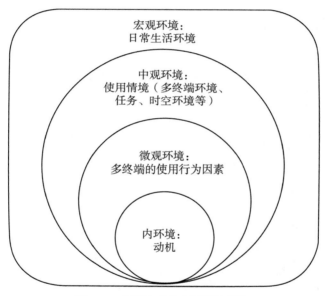

图 3.4　本研究整体理论研究框架

日常生活作为一个环境整体是人们生活活动的总和，在具体的日常生活情境下，如家中、工作中等，人们进行各类活动行为，其中一部分活动与各类终端的使用紧密相关，这些终端组成了多终端环境，多终端环境的存在是人们使用各类终端的可能和前提。由于

① 周荣贤．社群行为对「第二萤幕」使用行为之影响［J］．资讯传播研究，2014，4（2）：61-82.

特定情境和任务的不同，人们有意无意间同时使用了多个终端，就形成了多终端使用行为，多终端使用行为的产生除了外部情境和任务的影响外，还包括动机在内的诸多因素的影响，这些因素也形成了使用者的内部环境。基于上述分析，提出本研究整体理论研究框架。后续研究即以此框架所示的层级展开，分别对多终端环境、多终端使用动机、多终端使用行为方面进行探讨。

4 多终端环境与多终端使用行为

▤ 4.1 多终端环境下的终端使用

多终端使用行为的发生是以多终端环境存在为前提的，许多研究以多终端环境下终端的使用行为为主要研究对象，这些研究的成果，尤其是与情境、功能选择相关的部分，对多终端使用行为的研究具有参考价值，因此先对多终端环境下的终端使用研究进行探讨。

多终端环境下终端使用的主要问题是多终端的选择，即使用什么终端做什么。Alamanda 等基于 Bandung Electronic Center 访问者数据对平板电脑的消费意愿进行分析，以消费者意愿为依据设定的评价维度分别是产品特点、品牌、价格、电池寿命、生活方式和设计（Alamanda 等，2014）。Amani 等对智能手机和平板电脑消费者意愿的研究中，则引入了消费者预期的使用行为作为分析因素（Amani 等，2016）。Lin（2013）认为多终端媒介的选择和行为是由情境特征、技术特征和个人目标及习惯共同影响决定的，这导致了一些典型的应用形式，如计算机用于工作，电视用于获取资讯，智能手机用于联系，平板电脑用于娱乐。情境特征、技术特征、个人目标、习惯四类因素实际上是多终端环境下终端使用模式的四个方面，而模式作用的结果就是由于日常生活中重复进行的"驯化"

35

导致特定情境、使用者行为、特定目的形成了既定的关联，即研究中指出的计算机用于工作、电视用于获取资讯等"行为模式类型"，这些"行为模式类型"既可以说是使用者的"刻板印象"，也可以说是广泛发生于使用者日常生活中的共性行为模式。Kawsar & Brush（2013）通过对家庭情境下各终端使用情况的分析提出了终端选择和使用的影响因素，影响因素分为三个层面（原文为情境"context"），即终端层面（Device Context）、软件层面（Software Context）和使用层面（Usage Context）。终端层面的因素包括屏幕尺寸、便携性、可交互性（原文举例为"键盘"，可理解为输入输出特性）、续航、可用性；软件层面因素有相关的应用和文件系统；使用层面因素包括物理环境、共享使用和多任务。① 此分类和包含的因素本质上是将使用的影响因素按照不同层次进行了划分，终端层面对应的是终端设备的使用特性，软件层面对应的是功能的需求，而使用层面对应的是使用行为模式，此分类方法解决了不同层面影响因素视角不同的问题，对本研究后续影响因素的分类具有一定的指导意义。

现有研究对于情境、技术特性（如功能）、使用目的（目标）的关注较多，还有一些研究涉及社会支持和其他社会因素的影响。许多研究会限定整体的使用情境及指定的终端以避免研究范围过大，较常见的是区分工作情境和日常生活情境，日常生活情境下常见的研究是与电视相关的多终端使用。Dias 基于使用与满足理论采用焦点小组的方法进行研究，发现打断电视观看的主要诱因是更充分地利用时间和略过广告（Dias，2016）。Lochrie & Coulton（2011）通过分析音乐节目"X Factors"播出时 Twitter 的数据，验证了收看电视节目时移动设备作为"第二屏幕"的功能关联。Hess 等（2011）等使用日记法发现电视和互联网的交织使用主要体现在信息检索、社交、选择媒介消费的终端三个方面。可以看出

① Kawsar F, Brush A J B. Home Computing Unplugged：Why, Where and When People use Different Connected Devices at Home［C］// ACM International Joint Conference on Pervasive and Ubiquitous Computing. ACM, 2013：627-636.

这些研究都是关注与观看电视同时发生的智能终端行为，因此许多研究实际上和媒介多任务的研究范围一致，更侧重使用者的需求和媒介内容之间的关联。包含工作情境的研究则侧重工作中计算终端的使用行为和功能，以及任务与情境、设备选择的关联。Oulasvirta & Sumari（2007）通过观察和访谈的研究方法发现，在工作情况下终端管理和分配的主要影响因素是不同管理目标的体力消耗；预测需要哪些数据和功能；在工作、移动、社会情境下的协同三方面，而这三方面涉及的任务分析、数据管理、功能分配、情境感知等问题正是多终端研究常涉及的核心问题。Dearman & Pierce（2008）更进一步，在获取被试使用的所有终端的基础之上结合半结构化访谈的方法进行研究，认为工作中终端的选择是由使用者和环境决定的，使用者给终端分配不同角色的依据是个人选择和设备的局限。Karlson 等（2009）针对信息工作者在工作和非工作时间使用 PDA 和台式计算机的行为进行研究，收集被试在 PDA 和台式计算机上完整的使用记录，提取特定的功能进行分析，探讨移动办公对非工作时间的占用，虽然没有深入讨论同时使用不同终端功能的问题，但在方法和研究框架上有一定的前瞻性。整体而言，生活情境和工作环境并不是区分两种研究的本质区别，从研究主体看，根本区别在于关注的是任务和功能还是需求和内容，如果针对任务，必然面对使用者理性选择设备和功能的问题，而生活情境中很难将所有使用情况都当作任务处理，因此研究的方法和路径也不同。除此之外，还有一些研究由于方法相对特殊，是将两者结合考虑的，如Song 等（2013）使用网络检索大数据分析多终端使用，检索数据的分类形式是将功能和内容整合考虑的，情境的分析也涉及位置、时间等多个维度。Ivaturi & Chua（2015）从社会物质性理论角度出发，使用电子设备经验取样法收集使用者数据，分析不同情境下使用者的终端选择，由于方法的特性，收集的数据包含了情境、行为、任务、态度等多个方面。

通过对上述研究成果的整理可以发现，关于多终端环境下各类终端使用的相关研究主要侧重各终端在使用模式中的"角色"，影响使用选择的因素，以及终端使用在不同情境下的差别。而欲了解特定情境下各类终端的使用情况和相互关系，需要先考虑各智能终端承担功能的差异及与情境的关联，这也是讨论多终端使用行为的基础。

4.2 多终端环境与使用情境

4.2.1 使用情境

"情境"在中文学术语境下的含义非常多样，一方面，英文中出现的"context"和"situation"都常被译为"情境"或"情景"，这造成相关概念经常混淆，需要进一步限定，以划定研究范围。对于多终端相关议题，"情境"通常对应"使用情境"（use context）或"使用者情境"（user context）。使用情境的定义也较为多样，Belk 在探讨消费者行为时将情境定义为"只限定于某个观察时间和地点的所有因素，这些因素不能从个人属性和刺激属性推导得出，但这些因素对目前行为有可论证、系统的影响"[1]。并将情境分为自然环境（Physical Surroundings）、社会环境（Social Surroundings）、时间观（Temporal Perspective）、任务定义（Task Definition）、先前心态（Antecedent States）五个方面。Van de Wijngaert & Bouwman 认为使用情境是"技术将被使用的非常具体的环境"[2]。Dey 等将情境定义为"描述一个与人、应用、环境交互有关的情况的任何信息"[3]。Google（2012）认为情境驱动了人

① Belk R W. Situational Variables and Consumer Behavior [J]. Journal of Consumer Research, 1975, 2 (3): 157-164.

② Wijngaert L V D, Bouwman H. Would you Share? Predicting the Potential Use of a New Technology [J]. Telematics & Informatics, 2009, 26 (1): 85-102.

③ Dey A K, Abowd G D, Salber D. A Conceptual Framework and a Toolkit for Supporting the Rapid Prototyping of Context-Aware Applications [J]. Humanacomputer Interaction, 2001, 16 (2-4): 97-166.

们对终端的选择，情境的含义是人们在哪，想要完成什么任务以及所需要的时间。这些对情境的界定的主要差异在于是否考虑使用者的特征，在考虑使用者特征的情况下可以把这些因素视为"内部情境"，而不考虑"内部情境"的情况下，使用者作为主动的个体处于情境中。考虑"内部情境"会使定义更完整，但也容易引起概念的混淆。尽管存在差异，但总体而言，这些定义基本包含了两方面内容：一方面，情境最基础的含义，即人们所处的物理空间和时间，这也是最通俗意义上的"情境"的含义；另一方面，使用情境的界定往往包含任务的属性，即人们在这样一个"情境"中要做什么。

对于情境包含任务及情境与任务关联的观点也被一些研究认可。Landauer 就指出，在人机交互过程的讨论中，排除了使用者任务的情境不具有任何意义。① Kari & Savolainen 也持相同的观点，在讨论信息查找行为与情境的关联中强调"没有情境，信息现象会失去意义"，② 并提出了信息查找行为（information seeking，IS）与情境（context，C）的关系，关系分为一般关系和特殊关系两类，一般关系包括脱离（Detachment）、联合（Unity）、导向（Direction）、互动（Interaction）四种关系。脱离用公式表示为 IS C，表示 IS 与 C 之间没有联系；联合用公式表示为 ISC，表示 IS 不能与 C 分离；导向用公式表示为 IS→C 或 C→IS，表示 IS 与 C 是分离的，但一个对另一个起作用；互动用公式表示为 IS→C→IS 或 C→IS→C，表示 IS 和 C 是一个过程，一个对另一个起作用并反向影响的现象。这一分类方式不单对于信息查找行为，对于其他相近领域的研究也同样具有意义。通过对四种关系的分类和说明，实质

① Landauer T K. Relations Between Cognitive Psychology and Computer System Design [M]. Interfacing Thought: Cognitive Aspects of Human-computer Interaction. MIT Press, 1987.

② Kari J, Savolainen R. Relationships between Information Seeking and Context: A Qualitative Study of Internet Searching and the Goals of Personal Development [J]. Library & Information Science Research, 2007, 29（1）: 47-69.

上表明了任务行为与情境的关系，这就将情境具化为一种包含可能的任务行为的模式，使用者在使用中受到这种情境模式的支持。对于多终端环境而言，按照定义是使用情境中的内环境，使用者的使用情境均与使用者使用各终端进行的任务有关，对于各个终端而言，这些任务是通过功能实现的，通过考察不同情境下不同终端实现的功能，以及不同情境下多终端使用行为的任务类型，可以了解情境与使用者使用行为的关系，进而对使用行为进行解释。

4.2.2 任务

在考虑情境与任务的关联中，任务的分类和特性也是必须加以讨论的。任务在不同学术领域的概念差异较大，在认知科学、心理学领域，任务是指个体为了将输入转化为输出而进行的行动。① 这一定义对于实验室控制环境下的"任务"认定是较为清晰的，也常被用于心理学等领域相关研究范式中对任务的界定。但在日常生活中，任务是应用的，且既出于外部的刺激和要求，也出于个体自身的动机和需求，因而此时的"任务"更为复杂，在认定上具有一定的主观性。而在任务的模式方面，Salvucci（2005）以时间为参照，提出了四种可能的任务模式：

（1）离散连续任务（Discrete Successive Tasks）：任务间不具有内容连续性或时间的重合，例如，使用手机看新闻后在计算机上完成工作。

（2）离散同时任务（Discrete Concurrent Tasks）：任务间不具有内容连续性，但在时间上有短暂的重合，在一个任务即将结束时即开始另一个任务，例如，计算机上观看视频快结束时使用手机查看社交媒体。

（3）基础连续性任务（Elementary Continuous Tasks）：一个持续任务进行中偶发另一个任务，例如，在计算机上进行工作时，接

---

① Goodhue D L, Thompson R L. Task-Technology Fit and Individual Performance [J]. MIS Quarterly, 1995, 19（2）：213-236.

到一个电话。

（4）混合连续性任务（Compound Continuous Tasks）：两个及以上任务同时进行，每个任务都是持续性的，或至少持续了一定时间。

这四种任务模式基本概括了日常生活中常见的任务模式，本研究的核心问题多终端使用行为即包含基础连续性任务和混合连续性任务。这些任务模式在不同情境中发生，即情境与任务发生的复杂关联，既是多终端环境在实际生活中发挥作用的基础，也是多终端使用行为发生的前提。

4.3 功能-情境-任务的"融合"

对于多终端环境中终端功能、情境、任务的关系，可以从"融合"相关理论的角度进行探讨。对于媒介的"融合"方式，Hay & Couldry（2011）描述了四种主要形式，分别是媒体公司和媒体工业的协同；新兴平台的新闻和信息消费；技术的"杂交"；出现新的媒介审美文化。而新兴媒介技术的出现和新型数字终端的普及无疑是"融合"的重要动力。English（2013）认为更快更小的处理器的开发加速了媒介技术的融合，并以功能相对单一的移动电话①（mobile phone）逐渐被功能丰富的智能手机（smartphone）取代为例，证明这种设备的"多功能化"促进了技术的融合。Jenkins（2006）对"融合"的论述则并非只关注技术问题，其提出的"媒介融合"（media convergence）从媒介文化和粉丝文化的视角探讨了不同媒介平台间、媒介生产者和媒介消费者间的融合，用以解释"新""旧"媒介间的关系，这一理论也对大量的媒介融合研究产生了重要影响。在本研究中，"融合"仍主要着眼于技术

41

---

① "移动电话"不能完全与"非智能机"等同，有时也包括功能有限的部分早期智能系统手机。

层面，正如 English（2013）举例中的情况一样，移动电话向智能手机的转变在功能层面是一种"多功能化"或"功能的富集"，在 Ling 的描述中移动电话"……和传统的电话也非常相似……可以获取一些更加高级的功能，比如多媒体信息和网络聊天，单一版用户不需要了解和使用它们"①，现在已经是"首先应该被当作电脑，其次才是电话"②，在不到十年的时间里，这样的变化正向或反向地发生在几乎所有数字设备上。这样功能的融合也使拥有多个终端的使用者拥有了多个几乎可以完成同样基础功能的计算终端，这也必然会改变设备之间的关系以及使用者的使用行为。一方面，在各类终端都可以满足相近功能的前提下，如果仅以功能的需求为使用者使用终端的主要目标，那么在"融合"的多终端环境中，使用哪种终端的差别很多时候并不大，这意味着多终端环境中终端的使用是完全随机或无意识的。然而这显然与当下多终端环境中终端的使用情况不符，那么在各终端功能逐渐趋近的情况下，影响终端选择的因素就是多终端环境的基础。因此，"融合"可以用来解释多终端环境中终端之间功能的趋同或分化。另一方面，功能的"融合"也使以智能手机为代表的移动智能终端更频繁地出现在人们日常生活的各种情境中。正如 Ling（2008）所描述的，传统的移动电话能够承载的功能与智能手机相比非常少，彼时许多功能必须通过计算机等设备完成，因而限制了某些情境下某些功能的发生，如地铁里用智能手机看电视剧，或是上课的时候偷偷玩游戏，也就是说，智能终端与情境发生的新的关联很大程度上是由"融合"导致的，这也是解释终端使用与情境关系的前提。

① ［挪］Rich Ling. M 时代：手机与你［M］. 林振辉，郑敏慧，译. 北京：人民邮电出版社，2008.
② ［美］迈克尔·塞勒. 移动浪潮：移动智能如何改变世界［M］. 邹韬，译. 中信出版社，2013.

4.4 本章主要研究问题及研究步骤

4.4.1 研究问题

现有研究从终端功能和情境的角度考察不同情境或任务前提下终端使用的选择，但涉及情境和终端类型大多是固定的组合，对于组合外的终端的使用情况涉及较少，很多情况下无法表现终端间的相互影响。对于情境与功能的关系，基本以特定终端的使用情境研究为主，未考虑不同终端在使用情境中的使用情况和功能的分化。除此之外，许多多终端环境研究并非在日常生活环境下进行研究，而是单独考察工作情境或家庭情境的终端使用情况，在情境的完整性上存在一定局限。通过对既往研究的分析可以明确，"多终端环境"是"多终端使用行为"发生的必要条件和前提，代表了"多终端使用行为"发生的可能性，而"多终端使用"是"多终端环境"下的特殊行为。因此通过探讨各终端的使用行为可以初步了解终端使用与情境的关系、各终端间功能分配等重要的基础问题。多终端环境从概念上分析属于使用情境范畴，但由于多终端环境的功能、硬件等特性因素与任务联系紧密，因而与使用情境是密不可分的整体，需要将使用情境、任务、多终端环境作为有机整体进行考虑，以了解不同情境下功能使用上的差异，以及终端使用与使用情境及任务的关系。因此提出以下主要问题：

Q1a：多终端环境下各终端功能使用方面存在何种差异？

Q1b：多终端环境下终端使用情境和任务如何划分？

针对这两个研究问题，本章研究主要包括两个部分。第一部分为问题一、二、三，问题一针对终端基本使用情况，是后续问题探讨的基础，问题二、三针对 Q1a 和 Q1b；第二部分包括问题四、五，主要涉及多终端使用行为的形式和可能的影响因素，这两个问题是涉及后续章节研究的先导部分，旨在通过访谈获得可能的多终

43

端使用动机和其他影响多终端使用行为的因素。具体的研究问题如下：

（1）问题一：终端基本使用形式及基本使用情况如何？

多终端环境中使用者拥有多个终端，此问题主要针对较常见的终端组合形式有哪些、使用频率如何、是否与他人共享使用等问题，用以描述多终端环境下各终端的基本使用形式。

（2）问题二：多终端环境下各终端使用功能存在何种差异？

对应 Q1a 的主体问题，主要讨论多终端环境下终端功能层面的问题，即各个终端的使用功能是否依据不同情境而有差异，各主要终端常用和重要的功能有哪些。

（3）问题三：多终端环境下终端使用情境和任务如何划分？

对应 Q1b 的主体问题，主要考察使用者对终端使用情境的划分以及对使用终端处理任务的划分。

（4）问题四：常见的多终端使用形式有哪些？

此问题旨在了解日常常见的多终端使用行为，并尽可能对这些常见的使用行为进行归纳。

（5）问题五：多终端使用可能的影响因素有哪些？

此问题主要针对有哪些因素影响了多终端使用行为的发生，多终端使用的动机因素有哪些。

4.4.2　研究步骤

在研究的准备阶段，最初制定的研究计划采用问卷结合访谈的研究方法。以 6 名硕士研究生作为对象进行预测试，为修改问卷问项及修正草拟的访谈问题提供依据。但在预测式访谈的过程中发现，受访者对终端功能的自陈存在一定的困难。最初对各终端功能的抽象、分类参照了既往研究，但在预测式访谈中，一方面发现受访者对于功能的类别特别是常用应用和包含多种功能的应用认识模糊，对访谈的效率和准确度影响较大；另一方面，部分受访者对于常用应用使用情况的自陈结果在访谈中有前后不一的情况，且某些功能的自陈存在误差较大的问题（如对微信使用次数的估计远小于平均值）。鉴于这两方面问题，我们决定在正式施测中通过实地采集受访者终端使用数据对访谈进行辅助。此外，在预测试中还发现以学生作为研究的目标群体存在一定的局限性。既往研究中对智能终端使用行为的研究多关注学生群体，对多终端的使用研究则多关注科技公司职员等特定职业群体，这是由于研究群体选择常以使用行为活跃度为依据。本研究中，尽管学生群体的多终端使用活跃，但从前期受访者反映的情况看，学生群体对所处情境的认知差异较大，通常活动范围较小（校园及周边），任务切换频繁、自由度高，但对情境的自陈效率低，较难具有代表性，故以工作群体（不限制职业）为目标筛选受访者。工作群体在多终端使用的活跃度上弱于学生群体，各终端使用的频繁程度较学生群体低，但其优势在于所处情境区分度高且具有一定规律，能够比较全面地表征一个特定群体的共性，这也更接近"日常生活"的概念。

　　由于新方法的加入，需对研究步骤进行调整，重新安排的研究步骤如下：

　　（1）重新以5名工作群体受访者为对象实施预测式访谈，并通过预测试访谈，获得实地数据采集研究需提前确定的主要终端平台和情境分类，以这些标准对5名受访者进行实地数据采集尝试，进而评估实地数据采集的可行性及需注意的问题，确定后续实施步骤。

　　（2）发放调查问卷以了解各终端的基本使用情况并根据结果筛选有意愿参与后续研究的受访者。

　　（3）对筛选出的受访者进行终端使用的实地数据采集。

　　（4）以实地数据采集的结果为参考对受访者进行访谈。

　　（5）访谈研究结束后进行其他被试后续的实地数据采集以尽可能扩大实地数据采集的样本数量。

　　本章为了尽量保证行文的前后关联，并不完全按照上述步骤描述研究结果，而是按照调查问卷、实地数据采集、访谈的顺序报告研究结果。

4.5 终端使用基本情况

4.5.1 受访者基本情况

进行问卷调查研究主要有两个目的，调查终端使用的基本情况和筛选访谈对象。问卷的题目主要针对受访者终端的使用情况，涉及手机、平板电脑、笔记本电脑、台式电脑和电视机五类终端。以预测式受访者提出的意见为参考，每种终端对应题目都包括是否使用、使用频率、是否与他人共享使用、是否使用第二台同类型终端四项问题，如果使用第二台同类型终端，第二台终端四项使用情况也需作答。除此之外，受访者还可以补充问卷未涉及但在使用的任何终端，以及如果有可能是否有意愿参与后续研究。问卷问项不涉及受访者对终端使用的态度，仅用于了解受访者使用终端的基本组合形式和基础情况，并在此基础上作为选择后续研究受访者和被试的依据。

抽样方法选择滚雪球抽样法，要求受访者处于工作阶段（排除学生），且具有一定的多终端使用经历或意愿。问卷采用网络问卷的形式发放，通过社交媒体、社交群组进行分发，由于使用了质量控制功能，收回有继续参与研究意向的问卷 139 份，所有问卷均有效，除开放式问题外均无缺失值。受访者的基本情况见表 4.1，男女比例约为 44 比 56，接近 1∶1；年龄方面，受访者主要集中在 18~40 岁年龄段，与本研究的主要目标群体吻合。

表 4.1   终端基本使用情况调查-受访者基本情况

		数量	百分比
性别	男	61	43.9
	女	78	56.1

续表

		数量	百分比
	18 岁以下	1	0.7
	18~25 岁	36	25.9
	26~30 岁	41	29.5
年龄	31~40 岁	35	25.2
	41~50 岁	12	8.6
	51~60 岁	9	6.5
	60 岁以上	5	3.6

4.5.2 终端使用比例

终端使用基本情况主要包括受访者日常使用哪些类型的终端，每种终端的使用频率，每类终端第二终端的使用情况以及每种终端是否与其他人共享使用。"第二终端"是指同时使用两台同类终端的情况下，对使用者而言重要性相对较低的一台终端，如"主力手机"和"第二手机"分别指重要性和使用频率相对较高和较低的两台终端。

各终端使用人数和占总受访人数的比例见表 4.2，手机和笔记本电脑的使用比例相对较高，第二终端使用比例除手机外都相对较低。在不考虑第二终端使用的情况下，受访者终端使用组合的情况如图 4.1 所示，由于对应问题询问的是终端使用而非终端拥有的情况，因而此组合情况不代表拥有终端的组合。图中所示受访者中只有一名受访者只使用手机一种终端，其他受访者均为多终端使用者，与终端使用比例所呈现的趋势类似，从使用组合的情况看，手机、笔记本、电视三者所占组合的比例相对较高。

表 4.2　　　　　　　　　终端基本使用情况调查-终端使用比例

	使用人数	百分比
手机	139	100.0
第二手机	43	30.9
平板电脑	77	55.4
第二平板电脑	16	11.5
笔记本电脑	110	79.1
第二笔记本电脑	20	14.4
台式电脑	82	59.0
第二台式电脑	23	16.6
电视	71	51.1

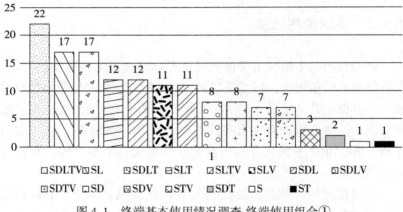

图 4.1　终端基本使用情况调查-终端使用组合①

4.5.3　终端使用频率

终端使用频率是根据受访者自陈获得的各类终端使用的频繁程

———————

①　S 代表手机, D 代表台式电脑, L 代表笔记本电脑, T 代表平板电脑, V 代表电视。

度。终端使用的情况复杂，是否使用是使用行为存在的前提，使用的频繁程度实质上表现了使用行为的强度。图4.2 所示为各类终端使用频率的情况，表4.3 中数据表示的是各类终端"每天都使用"的频率，其中第一手机的每天使用频率是百分之百，因而在图表中省略。结合两个图表的数据可以发现，整体上第二终端的使用频率都相对较低，手机、电视、台式电脑使用频率的不确定性较低且使用频率较高。

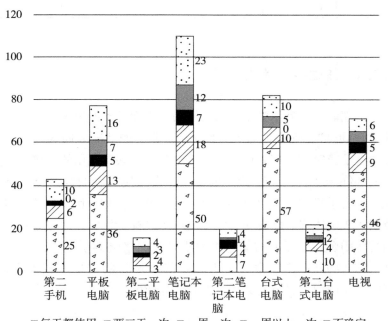

图 4.2 终端基本使用情况调查-各类终端使用频率

表 4.3 终端基本使用情况调查-各终端"每天都使用"情况

	人数	百分比
第二手机	25	58.1
平板电脑	36	46.8

49

续表

	人数	百分比
第二平板电脑	3	18.8
笔记本电脑	50	45.5
第二笔记本电脑	7	35.0
台式电脑	57	69.5
第二台式电脑	10	43.5
电视	46	64.8

4.5.4　终端共享使用

终端的共享使用是指多人共用同一终端设备的情况，这种共用并非"同时"，而常常是指交替使用。常见的情况如同事共用一台工作电脑或家庭内部共用一台平板电脑等，共享使用的比例可以判断一类终端"个人化"使用的程度，常与使用者的数据行为有关联。主力手机和第二手机都是完全的非共享使用，因此未在表4.4及图4.3中体现。电视的高共享使用率较符合预期，这与电视的使用情境吻合。平板电脑无论主力或是第二终端共享使用比例都较高，与一些既往研究中"个人化智能终端"的定位有较大出入，可能是家庭内部成员间共用情况较多导致的。

表4.4　　终端基本使用情况调查-各类终端共享使用比例

	共享使用人数	百分比
平板电脑	50	64.9
第二平板电脑	10	62.5
笔记本电脑	38	34.6
第二笔记本电脑	9	45.0
台式电脑	34	41.5

续表

	共享使用人数	百分比
第二台式电脑	14	60.9
电视	65	91.6

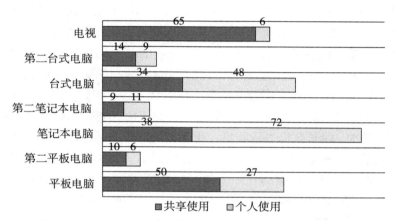

图 4.3 终端基本使用情况调查-各类终端共享使用情况

综合上述结果可以发现，在日常生活中使用者使用终端的数量和终端使用方式都比预想的"朴素"，与既往研究中针对特定任务使用多个终端的研究情景相差较多，智能手机、台式电脑和笔记本电脑是最普遍的智能终端组合，平板电脑等终端也多以低频率、共享使用的情况出现，对实际发生的多终端使用影响较小。

4.6 基于数据实地采集的终端使用研究

此部分引入终端使用数据实地采集方法有两个目的，一方面鉴于预测式访谈中受访者对终端功能认识模糊的问题，使用数据实地采集的方法辅助访谈，以提高访谈的针对性和精度；另一方面在扩大被试样本量后，通过实地数据的分析考察情境与终端功能的关联。

4.6.1 数据采集方法

终端使用数据实地采集是指通过在被试使用的终端上安装程序从而获取其在日常生活中真实使用行为数据的方法。此类方法从智能设备开始使用即有研究采用，但不同研究对研究方法的命名各不相同，常见的有"日志数据采集"（log data collection；logger data collection）、"自然状态下"（in the wild）数据采集、"实地（田野）"（in the field）数据采集等。尽管命名各不相同，但方法的本质基本一致，即通过程序对智能设备各类应用（包括系统本身）的使用频次、时长数据进行收集。此方法被许多关于智能手机使用的研究采用，根据研究目的、采集精度的需要、采集程序的种类及系统的差异，采集数据的程序大致可分为三类，日志（logger）记录（Falaki 等，2010；Shepard 等，2011）、App 记录（Böhmer 等，2011；Wagner 等，2014）和客户端记录（Verkasalo，2009；Do 等，2011）。

相比其他在非干预或日常生活中实时的行为数据采集方法，如日记法、经验取样法（Experience Sampling Method）或受访者自陈（self-report）的方法，实地数据采集具有客观、精度高、数据完整、被试负荷小、被试受干扰小、获取数据周期持久等优势。但实施的技术局限和侵犯被试隐私问题较为突出，对于无法安装相应功能的设备（如非智能电视），或是与智能设备无关的行为（如读报、听广播），此方法无法胜任。此外以本章研究为例，无法通过实地数据判断被试对"任务"或其他抽象行为的判断，机械判断的结果往往与被试意愿差异较大。根据 Boase 等（2013）的研究发现，近四成手机使用研究①使用自陈的方法，而在其研究中对比了自陈法和服务器日志数据法的效度，二者中度相关，信度较低。因此本章研究选择此研究方法与访谈相结合，一方面用以辅助访谈；另一方面可以了解不同情境下手机和计算机平台上功能使用的具体

① 数据截止到 2013 年。

情况。

参与实地数据采集的被试分为两批，第一批 10 名被试通过调查问卷筛选，参与实地数据采集和访谈研究，第二批 10 名被试为后续重新招募。被试年龄控制在 25 至 40 岁，12 名男性，8 名女性，均为固定职业者。此外，在被试招募过程中，一些被试反映工作单位对手机、计算机的使用存在要求或限制，如只能使用公司的计算机和笔记本、工作时间限制使用个人手机等，这些限制会影响被试多终端使用行为，因而在被试筛选中规避了有类似情况的被试。

采集终端类型选择方面，本章研究实地数据采集的原则是尽可能采集被试所有终端的数据，但考虑到各类系统由于隐私保护和用户安全的执行标准的差异，选择手机平台为安卓系统且计算机平台为 Windows 系统的被试参与研究。同时由于采集中获取的数据较为丰富，如程序标签名、每次使用时长等，但考虑到被试隐私的保护和数据采集精度的差异，主要要求如下几项数据的完整性。

（1）应用程序类型

由于每个被试使用的应用程序都不相同，进行归纳比较时必须对这些应用程序进行分类。实地数据采集程序可以记录被试使用的应用程序的名称，因而可在数据回收后进行分类。

（2）应用程序事件触发次数

事件触发次数是指应用程序在终端用户界面前台被激活并操作的次数，是衡量应用程序使用强度的重要参数。

（3）被试使用情境

不同研究对情境的界定差异较大，因此采集情境相关数据的标准也不同。Verkasalo（2009）将主要情境分为家中（Home）、办公室（Office）、移动中（On the move），并区分工作日和休息日；Soikkeli 等（2011）则在研究中划分了海外（Abroad）、家中（Home）、办公（Office）、其他有意义情境（Other meaningful）和其他情境（Elsewhere）；Do 等（2011）的划分则更为详细，有家中（Home）、工作（Work）、朋友-家中（Friend-Home）、朋友-工作（Friend-Work）、餐厅（Restaurant）、运动（Sport）、交通（Transport）、假日（Holiday）、购物（Shopping）、放松（Relaxing）、其他（Other）。可

以看出，上述相关研究中对情境的划分不单纯是地点和时间两个维度，还包括个体的行动和人际关系。在本章研究中的访谈部分，受访者自陈的主要情境是家中、工作中、通勤中及其他，而与本研究密切相关的多终端环境只在家中和工作中体现明显，因此实地数据的采集依然按照被试意见获取情境分类，但分析中主要考虑家中和工作中两类情境。

情境因素的获取主要有两类方法，一类是通过对被试位置、时间数据的采集及分析判断被试所处情境；另一类是以地点、时间为线索，依靠受访者自陈判断其所处情境。对被试位置数据的采集通常通过采集 GPS 或 Cell ID 两类数据完成（Hintze 等，2014；Xu 等，2013）；对时间数据的采集分为绝对时间的采集和时间段采集，即记录所有时间的绝对时间或记录某一情境下的时长。两类方法各有优势和不足，本章研究由于结合访谈且考虑到被试对隐私的保护，选择以被试自陈的方式收集情境因素的数据，具体方法会在后文详述。

4.6.2 实地数据采集的实施

实地数据采集分为两阶段实施，第一阶段，根据调查问卷的结果选定自愿参与实地数据采集和访谈的受访者共 10 人，进行实地数据采集及访谈；第二阶段，为了丰富实地数据，陆续对 10 名被试进行测试作为补充。

终端使用数据的实地采集需要在受访者的个人智能终端安装监控程序，在后台记录使用者在终端上的操作情况（如什么时间打开了什么程序，前台使用了多久）。在询问被试意见后，部分被试对于"自己看不懂"的监控程序有所顾虑，出于对保护隐私和被试知情的考虑，使用第三方免费的时间管理程序①实现类似的监控

① 安卓平台为 24PI，http：//www. wandoujia. com/apps/com. dlj24pi.android；及 App Timer Mini 2, https：//play. google. com/store/apps/details？id = info. kfsoft. android. AppTimer2。Windows 平台为 ManicTime，https：//www. manictime. com/。

功能，被试可随时查看记录并决定是否删除部分或一整天的终端记录。对于情境数据的记录，正式数据收集前，对部分被试进行的预测试中，使用 GPS 定位应用记录被试一天的位置移动数据，回收后在地图软件中即可获得被试一天中的实时位置和行动路线。但被试对此记录方式接受度较低且相关应用占用系统资源较多，最终出于对被试隐私保护的要求，放弃 GPS 收集位置信息的方法，改用被试记录并自陈的数据收集方式。被试需记录一天中在各个情境下的时间节点，如"上午 8 点至中午 12 点半在办公室"，以在数据分析时区分情境。

收集开始前先向有意愿参与研究的被试详细描述使用数据实地采集的流程和意义，及被试的权利和被允许的操作，并承诺数据和被试个人信息不外泄、不用于一切非此研究的用途，在数据抽象化后删除原始记录，以最大限度地保护受访者隐私。在受访者确认了解所有研究相关信息并同意后，指导被试在符合系统兼容要求的所有安卓手机和 Windows 操作系统的笔记本电脑、台式电脑上安装数据收集的相关程序并介绍操作方法。使用数据实地采集的时间为一个自然周，以尽可能保证 4~5 个工作日连续的可用数据收集。

数据回收通过被试提交数据采集应用备份记录的方式完成，备份记录收回后重新恢复至虚拟系统下的对应应用进行数据检查和统计，情境数据由被试提供文字记录。对回收数据进行检查，所有被试均完成至少 3 个工作日完整数据的采集，取每个被试各 3 个工作日的数据共 60 组进行后续的数据分析。

4.6.3 结果分析

55

4.6.3.1 功能分类

回收的数据需先进行功能分类以为数据统计和分析做准备。不同研究对移动终端应用的分类差异较大，学界和业界的分类方法也有区别。从 App Annie① 提供的 iOS 和 Google Play 的应用类型看，iOS 分为 25 大类，Google Play 除游戏大类外可分为 35 类，可见不同平台间的分类也有较大差异，而本章研究的应用分类方法还需考虑电脑平台软件的分类。由于本章研究的分类是基于已获得的被试使用数据，具有一定的针对性，而非预测性研究分类需要做到尽量全面，故考虑手机和电脑两个平台被试使用应用（软件）的情况，结合 2017 年《中国互联网发展状况统计报告》（CNNIC，2017）的分类方法，具体分类见表 4.5。

表 4.5 终端功能分类表

功 能 分 类	功 能 分 项
基础通信	电话、短信、电话簿
社交 & 即时通信	社交、即时通信
多媒体	照相、摄像、音乐、广播、媒体编辑、视频观看
生活理财	时间管理（闹钟）、支付、交通、地图、理财
新闻 & 网页浏览	新闻、网页浏览、搜索
办公学习	办公、学习、阅读
下载 & 文件管理	下载、文件管理、网盘
游戏	
其他	

　　其中基础通信主要包括手机的通话、短信、电话簿等功能，电脑平台不具有此类功能，因而数据不计入统计。

4.6.3.2 数据分析

　　由于此部分研究的主要目的是了解手机和电脑两类平台日常使用中不同功能事件的发生频率及与情境的关联，故参照 Do 等（2011）研究中的方法，引入每小时使用频率（hourly usage

---

① https：//www.appannie.com/cn/.

frequency，huf)① 的数据概念，即各类功能在每小时内事件发生的频率，i 代表应用某项功能事件触发的次数，j 代表被试处于对应情境中的总时长，单位为小时，公式表示如下：

$$huf(i,\ j) = \frac{i}{j}$$

由于手机和计算机平台时间触发频次的性质不同，手机上触发一次可以基本认定为一次操作，而计算机平台上的操作更为频繁，因而触发次数更高，也更难判定一次操作的起止。因而手机和计算机平台同一情境下的 huf 值的比较无法表示"任务"的次数，而是单纯不同终端上事件触发（前台应用和程序变换）的次数。各类功能的 huf 值见表 4.6。

表 4.6　　　　　　　　　　各类功能 **huf** 值

功　　能	手　　机		计　算　机	
	办公室	家	办公室	家
基础通信	3.34	1.78	—	—
社交 & 即时通信	4.85	3.39	10.78	4.82
多媒体	0.24	0.49	1.20	1.42
生活理财	0.64	1.36	0.19	0.34
新闻 & 网页浏览	0.85	0.76	25.24	17.51
办公学习	0.12	0.17	11.92	6.46
下载 & 文件管理	0.01	0.01	6.07	8.25
游戏	0.18	0.20	0.01	0.09
其他	1.10	1.23	3.86	9.26

上表中的 huf 值表示手机和计算机在办公室和家中情境下每小

① Do T M T, Blom J, Gatica-Perez D. Smartphone Usage in the Wild: A Large-scale Analysis of Applications and Context ［C］// International Conference on Multimodal Interfaces. ACM, 2011: 353-360.

时触发事件的次数。从 huf 值可以看出，手机上基础通信和社交 &
即时通信相对其他功能触发频率较高，基础通信在办公室的触发频
率明显高于家中，社交 & 即时通信在两个情境下的触发频率都较
高，生活理财在家中的触发频率明显高于办公室。较为特殊的是游
戏功能，在办公室和家中的差异不大，每小时 0.2 次左右，这与日
常生活中的经验常识差距较大，说明被试在办公室工作时会进行游
戏，且与家中的频率接近，尽管工作中的偶尔放松属于正常行为，
但依然有理由推测这种情况是一种德塞都所说的"抵抗"，由于移
动终端的隐蔽性，被试在工作情况下有机会进行休闲娱乐。整体而
言，计算机平台方面办公室情境较家中功能使用情况更为活跃，其
中新闻 & 网页浏览占据绝对的主导地位，其中重要的原因是网页
浏览分担了许多传统依靠独立软件完成的功能，如在线视频观看、
在线音乐播放等，说明浏览器是计算机平台重要的信息获取接口。
功能间比较，新闻 & 网页浏览、办公学习、社交 & 即时通信三类
功能触发频率较高，是计算机平台的主导功能。为了更直观地显示
两个平台各功能在特定情境下发生强度的差异，将各类功能按照情
境和平台进行极差标准化处理，所有数值在 0、1 之间，数值越大
表示特定情境和平台下功能使用的次数越高，用颜色深浅表示参照
表格右侧色表，见表 4.7。

表 4.7　　　　　　　**各类功能标准化数值表**

	手　　机		计　算　机		1
	办公室	家	办公室	家	0.9
基础通信	0.69	0.52			0.8
社交&即时通信	1	1	0.43	0.27	0.7
多媒体	0.05	0.14	0.05	0.08	0.6
生活理财	0.13	0.4	0.01	0.01	0.5
新闻&网页浏览	0.17	0.22	1	1	0.4
办公学习	0.02	0.05	0.47	0.36	0.3
下载&文件管理	0	0	0.24	0.47	0.2
游戏	0.04	0.05	0	0	0.1
其他	0.23	0.36	0.15	0.52	0

根据表 4.7 可以看出，手机平台在办公室情境下主要功能为社交 & 即时通信，除此之外，办公室情境下，除基础通信外其他功能使用次数都相对较低，而家中基础通信、生活理财相较其他功能则触发次数相对较多，也说明家中触发次数较多的功能更多样化。计算机平台下新闻 & 网页浏览是最主要的功能，而在办公室和家中，社交 & 即时通信、办公学习、下载 & 文件管理与其他功能的位置存在一定差异，在使用强度上出现了一定的分化。

4.7 针对终端使用的访谈研究

访谈研究部分选择半结构化访谈法，主要原因在于一方面结合情境的多终端使用行为较复杂，受访者对日常生活中许多琐碎的使用行为的回忆和自陈有相当的难度，半结构化访谈法可以在保证一定基础数据获取的前提下尽可能挖掘多终端使用相关的细节；另一方面，现有研究涉及的因素差异较大，关注重点也不同，半结构化访谈法有助于发现可能的尚不明确的因素。

4.7.1 访谈对象及访谈问题

本研究着眼日常的终端使用，在受访群体上不做职业限制的预设，以调查问卷的结果为参考，筛选出的 10 位受访者中男性 6 人，女性 4 人，年龄在 25～37 岁，均为固定职业者。受访者具体终端使用情况见表 4.8。

表 4.8 受访者终端使用情况①

受访者编号	S2	D1	D2	L1	L2	T1	T2	V
P01		○		○				
P02	○	○	○					

① S 代表手机，D 代表台式电脑，L 代表笔记本电脑，T 代表平板电脑，V 代表电视；数字 1、2 分别代表第一、第二终端。

受访者编号	S2	D1	D2	L1	L2	T1	T2	V
P05		○		○		○		○
P17		○	○	○	○	○	○	○
P22		○		○		○		○
P23	○	○	○			○		○
P25				○		○		○
P29	○			○	○			○
P31	○			○				○
P36				○		○		

经过访谈预测试后，根据受访者的意见对访谈大纲和问题进行了修改，访谈大纲涉及问题的主题如下：

（1）终端的基本使用情况

常用的终端有哪些？

哪些终端与他人共享使用？

同类型第二台终端使用频率如何？

（2）各终端功能使用情况

各终端常用和重要功能分别有哪些？

某功能（受访者陈述的常用、重要功能）是否可在另一终端上进行？

（3）终端使用与情境的关联

各终端经常在哪些场合、哪些时间段使用？

在这些情境下通常使用各终端做什么？

（4）多终端使用的主要形式

什么情况下会同时使用多个终端？

一般同时使用哪些终端做什么？

（5）多终端使用的影响因素

什么原因促使同时使用多个终端？

同时使用多个终端满足了哪些需求？

4.7.2 访谈结果及分析

4.7.2.1 终端的基本使用情况

在调查问卷中已经对终端的基本使用情况进行了统计分析，此部分访谈主要目的在于确认受访者终端的使用情况，并通过具体的访谈对使用情况进行修正和整合。

（1）第二终端使用情况

受访者中有 4 人表示每天都会使用第二手机，两台手机同时使用的情况也存在，但同主力手机每天的使用频率相比仍较少，且不是"不可替代"和"必不可少"的。受访者中使用第二平板的有 1 人，使用第二笔记本的 2 人，根据受访者自陈的情况，这两类第二终端的使用频率均相对较低，2 天至一周使用一次，且每次使用时间较短。另有 2 名受访者在问卷中并未表述自己使用第二平板和第二笔记本，但通过访谈得知，实际上他们"拥有"第二平板和第二笔记本，但平时几乎不使用。第二台式机的 3 名使用者均表示主力台式机和第二台式机分别用于工作单位和家庭，没有两台台式电脑同时使用的情况，另有 1 名受访者表示工作单位有一台台式电脑，但几乎不使用。因此结合问卷的结果，我们认为第二终端的问题主要集中在手机和台式电脑两类终端，平板电脑和笔记本电脑作为第二终端在实际使用中的比例和重要性都相对较低；第二手机的使用贯穿于使用者的各个使用情境，而主力台式电脑和第二台式电脑的使用明显发生于不同情境。因此实际上只有第二手机是真正意义上的第二终端，即与主力终端处于相似的情境、具有相近的功能实现可能，但根据使用者的需求或功能分配而实现了不同的作用。其中使用行为的分配主要是基于隐私而非特定功能，例如，最常见的是不同手机针对不同的联系人，或需要同时使用两个即时通信软件等情况。而第二台式电脑完全可以看作空间限制而导致的主力台式电脑功能的延续，除了必要的数据转移外，两者可看作同一终端，部分功能的分工更多是由于情境的影响，如工作和娱乐，而非

61

使用者基于某些特定任务需求进行的主动功能分配。总体而言，尽管第二终端的使用已不罕见，但仍不足以形成特定的使用模式，主要是某种特定功能的延伸。

（2）终端共享使用的情况

6 名使用平板电脑的受访者中仅有 1 人是独自使用，有 2 名受访者在问卷中表述为独自使用，但实际访谈中发现实际上仍有一定比例的共享使用发生于家庭成员间，且并未对隐私、个人数据等进行管理。笔记本和台式机的共享使用在比例和频率上都少于平板电脑，常常以受访者或其某一位家庭成员使用为主，工作环境下较少发生共享使用。因此这种情况下很难完全支持"平板电脑是个人智能终端"的观点，尽管相对于电视的"公共同时使用"，平板电脑的共享使用发生在特定家庭成员间且并非同时，但从个人数据管理和使用分配来看，使用者的主次并不明显，有较多共享使用发生。这也说明平板电脑在多终端环境下的重要性远低于手机，尽管二者具有相近的功能、情境特征，平板电脑仍更多承担某些特定情境下的特定功能，且使用者对其功能和数据的分配和管理都相对松散。

（3）笔记本电脑和台式电脑的通用性

同时拥有笔记本电脑和台式电脑的受访者中，有 4 人表示笔记本电脑并不会出现真正意义上的移动使用，而是被分别分配在工作或家庭使用情境中，与第二台式电脑的情况类似。"笔记本跟台式机也没太大区别，从来没拿出去用过，上班就用单位的台式机，在家里主要是笔记本不占地方。"因此在受访者反馈中，很多情况下笔记本电脑作为移动终端的特性实际上无法体现，也并没有跨越不同的使用情境，这从侧面支持了将笔记本和台式机整合成为"PC 平台"与手机等完全意义上的"移动终端"进行对比的观点。同时也说明一些研究只按照情境分析终端使用形式的方法在特定的研究背景下具有一定的合理性。在这种状态下使用者所有的笔记本电脑和台式电脑实质上形成了依靠数据迁移联系的"一台电脑"，此时从多终端使用行为的角度进行分析，这"一台电脑"实际上已不可再分了。

4.7.2.2　各终端功能使用情况

（1）多终端的常用和重要功能

功能是多终端研究中对使用行为最直接最典型的抽象，对于智能系统最常见的分析方式就是利用软件的使用情况表征功能。从使用者的角度出发，功能的常用性和重要性具有一定差异，如通过使用数据的实地采集可以了解某种功能是否常用，但是否重要则相对主观，仍需要通过使用者的自陈获取结果。如前文所述，此部分研究采用使用数据的实地采集方法辅助访谈，受访者的回答均为具体应用和软件，而非功能类型，以减少受访者的自陈误差，在访谈后再对相应的应用、软件进行功能分类。访谈中有 4 人以上提及的功能即视为具有代表性，以手机平台和计算机平台划分终端类型，平板电脑和电视的情况主要在访谈内容中体现，涉及的功能见表4.9，表中每个平台的功能自上而下重要性和常用度逐渐下降。

表4.9　　　　　手机、计算机平台重要和常用功能

重　要　功　能		常　用　功　能	
手机平台	计算机平台	手机平台	计算机平台
电话	办公学习	社交＆即时通信	办公学习
社交＆即时通信	文件管理	新闻	即时通信
照相	新闻＆网页浏览	电话	新闻＆网页浏览
短信	视频观看	游戏	文件管理
支付	下载	音乐	视频观看
时间管理			
交通			

（2）终端功能的分化

终端使用中的常用功能通常是指使用频率较高的功能，但在实际使用中使用频率（如单位时间内某一应用的前台启动次数）和使用时长（如单位时间内某一应用处于前台使用的时间的总和）

都可以在不同角度表示"常用"。如游戏功能使用频率相对不高，但单次使用时间较长，而支付功能有时使用次数相对较多但单次使用时长较短，受访者从两个角度描述常用功能都是合理的。重要功能则完全从受访者主观角度出发，在访谈中受访者对于"重要"的理解是"不可或缺"或"不可替代"，尽管二者存在微妙的差异，但仍可认为在本研究中受访者的理解是准确的。从访谈结果看，计算机平台的重要功能和常用功能的种类相似，而手机平台的重要功能和常用功能的差异较大。即计算机平台常用的功能都比较重要，而手机平台上许多常用的功能并非不可或缺。这一方面可以理解为手机平台和计算机平台在多终端环境中地位的不同，手机平台承担了更多娱乐、资讯获取等常用但非不可缺少的功能，计算机平台的功能则"精简"到只有不可替代的功能才被较多使用；另一方面，手机平台的重要功能多涉及个人信息和隐私，这与手机平台的随身性和个人化使用关联较强，可以看作不同终端在使用中的"角色"不同。不同的设备出于不同的目的和条件进行设计生产，"角色"必然是不同的，但由于智能终端智能化的特点，设计者同样无法预测发生于终端的功能会有哪些。如当下手机的功能中，娱乐、新闻资讯、社交占有较大比例，我们很难说这些功能是"作为通信工具的手机"的附属，在受访者中就有第二手机只用来接打电话，主力手机完成其他功能的情况。因此也可以把不同平台上的重要功能和主要功能作为合集考虑，称为"主要功能"，在访谈中对于不同平台的主要功能受访者均认为存在着特定的分化，如"几乎不在电脑上登微信，在电脑上就登 QQ，手机上也装（QQ）了，不经常用。""以前用密码器（使用网上银行和支付功能）是在笔记本上，现在手机上挺方便的，就没在电脑上用过了（支付功能）。"类似功能在不同终端上的分配很多是使用者有意识的行为，某些因素导致使用者将不同的功能分配于某一终端，而无关"设计意图"，这种不同终端上功能的分化（或分配）是多终端环境下终端使用的重要特征之一，也是多终端使用的重要前提。

（3）共享使用终端的功能

如前文所述，在访谈中主要把平板电脑和电视作为共享使用终端进行讨论，根据访谈结果，平板电脑上的主要功能为阅读、视频观看和游戏，其中阅读功能被提及最多，无论是共享使用还是个人使用，阅读功能都占有最高的比例，一名受访者同时使用 Kindle 电子书和平板电脑进行阅读，被问及阅读功能是否重复时回答："Kindle 看书还是比较舒服，但是看彩色的还是（IPAD）Mini。……看电子书比较多的话就不觉得麻烦或者浪费，对这个（看电子书）有要求才买 Kindle 吧。"使用 HIFI 音乐播放器的受访者也有类似的描述，单一功能电子设备的使用往往是由于使用者对某一功能要求较高或使用较多，可看作某一种特定功能的延伸，而平板电脑的功能就可以看作有限的几个功能的延伸。电视的使用相对"单纯"，使用电视的受访者虽然全部使用智能电视，但除视频观看（包括智能电视自带系统的电视功能、外接智能电视盒、广播电视）外，没有任何其他智能化功能被受访者提及，且有 3 人从未使用过智能化功能，仅作为广播电视收看的"屏幕"使用，1人仅在玩游戏时连接游戏机或台式计算机使用，可以说在这些情况下电视整体上仍是一个"屏"而非一个"终端"。另外，至少有 4 名受访者有将电视作为显示设备外接其他终端的使用，这种情况下"电视"只是一个显示器，与媒介研究中作为媒介载体的"电视"已毫无关联。因此整体而言，平板电脑和电视上的功能基本上是某些特定功能的延伸，与手机和计算机平台的差异较大。

4.7.2.3 终端使用与情境、任务的划分

此部分访谈首先请受访者回忆具有代表性的一天中各类终端使用的情境有哪些，再以这些为基础询问此情境下其他终端的使用情况，进而分析使用者在不同情境、目标下使用终端的依据。

（1）情境的划分

终端使用的情境差异是受访者提及最多的因素，涉及较多的情境是工作情境和家庭情境。例如，"上班的时候用单位的台式机，回家用笔记本，有时候笔记本没什么特别的事也不开，就玩玩平板或者看电视"。在未被问及的情况下许多受访者并未提及手机的使用，提问后的描述有时也与情境的关联较小，通常聚焦于使用的功

65

能。大部分受访者认为手机的使用最频繁，但自陈时却较少提及手机的使用，可以解释为是手机与特定情境的关联较低造成的。手机的使用几乎贯穿一天中的所有情境，如受访者描述的"从来不离身"，导致其容易被忽略，只有在特定情境使用的终端与情境的关联更强，更易被记起，这也从侧面说明终端使用与情境的紧密关联。还有一些受访者对于工作和家庭的情境划分是有意而为的，"就是因为不想把工作带回家，用笔记本（工作时携带）有可能回家也得处理（工作的事）了"。此种情况下终端是用来分割情境而非由不同的情境区分的，多终端环境与日常生活情境存在一定程度的相互影响。关于手机和平板电脑的使用情境，许多受访者提到了"通勤"（受访者语，即上下班途中），这是较集中的移动使用情境，娱乐、获取新闻、阅读、社交媒体是此情境下提及较多的使用行为，但所有受访者都未在此类情境中有多终端使用行为。因此整体上涉及多终端使用行为的情境与既往研究相比更为简单，从使用者角度出发对相关的情境划分更为粗放，使用者对特定情境的判断往往是基于自身多终端使用倾向的，这一过程更贴近理性行为机制而非经验的，这与既往研究的观点差异较大。

（2）任务的复杂程度

在访谈中，受访者在描述情境的差别时常会将任务的情况考虑在内，主要考虑的是任务复杂程度的差别。一名受访者在工作中最复杂的情况下会同时使用接双显示器的台式机、笔记本电脑、平板电脑作为文档浏览和媒体内容制作的辅助，并且穿插使用手机，即几乎同时使用4个计算终端和5块屏幕，最简单的情况下如处理文档则只使用笔记本电脑并穿插使用手机。受访者对工作中不同复杂度的任务都能有条理地详细描述，但对家庭环境下终端使用的描述较为模糊，原因是"（工作中的事）目的很明确，不这样（分析任务复杂程度）效率太低，在家里没什么特别的目的吧，就用手机，其他可能也没太在意"。在后续访谈中，实际上受访者也可以具体描述在家庭情境下如玩游戏、看电视等终端使用，并非他们完全不在意，可以认为这主要是由于相对于工作任务，家庭情境下的使用没有特别的目的性，"任务"简单且自由度高，对终端的选择更多依靠"习惯"，对于占有终端数量较少的受访者而言，有无明确目的的差异相对小，但并非不存在，而当占有终端数量较多时，这种差异趋于明显。而情境和任务复杂程度在受访者自陈中的关联说明情境并非只是指物理空间和时间，也包含任务特性等因素，支持了文献讨论中相关情境理论的观点。

4.7.2.4 多终端使用的主要形式

此部分问题主要针对多终端使用，即两个及以上终端同时使用的主要形式有哪些，发生在哪些情境下。

（1）多终端使用的情境

多终端使用的情境划分与各个终端使用情境的划分较接近，但范围更小。受访者指出的情境主要是办公情境和家庭情境，仅1名受访者表示在下班坐地铁时会同时使用 Kindle 和手机，其他受访者均没有"通勤"等移动状态下同时使用多个终端的行为。

（2）多终端使用的主要形式

在受访者的自陈中，多终端使用的形式是以情境、任务类型为基础的，受访者描述的往往是一个包含情境、任务和终端使用方式的"模式"，而非某种独立的"行动"，这种"模式"类似情境与任务匹配的结果而非完全是使用者有意的选择，即使用者在特定情境下面对某项任务时就能确定某种模式是方便且有效的，这一过程常常是自发自动的、经验性的，而非完全对终端的特性逐一考虑衡量后做出的选择。受访者回答中出现较多的形式如："在家看电视时会在手机上看看演员、节目的微博什么的。""……（公司）没有双显（一台计算机连接两台显示器）啊，我一般是一边月平板（电脑）看资料，在电脑上写，这样还方便一些。""……跟别的同事传文件还是在电脑上用 QQ 传，但是（同时）跟他说事情还是在手机上用微信说……因为电脑上不能语音，打字有时候太麻烦。"可以发现，这些多终端使用形式主要是使用不同终端处理同一个或相关的任务，即 Google 研究中的"互补使用"（Complementary Usage）（Google，2012），而"多任务使用"（Multi-tasking）情况提及甚少。在对多任务使用行为进行有针对性的询问后发现，受访

67

者并非没有多任务使用行为，而是并未意识到这些行为也是多终端使用行为。经提示后受访者自陈的多任务使用行为模式主要是各个终端使用时手机的穿插使用，如"微信有消息了就会看啊，有时候也一边聊微信一边处理工作的事，不忙的时候。""看电视的时候看微博、朋友圈之类倒是经常有，没什么感兴趣的或者播广告的时候。"提示后的访谈表明，多任务使用发生的频率要明显高于互补使用（相关任务使用），但由于行为发生时使用者常无具体的明确目的，或是出于"习惯"，造成受访者认为这些行为"很平常"而在自陈中被无意间忽略了。

4.7.2.5 多终端使用的影响因素

此部分问题主要是了解影响多终端使用的可能影响因素有哪些，以为后续研究做准备。以前文提到的 Kawsar & Brush（2013）提出的终端使用的三个层次为基础，对受访者反馈的信息进行分类，除去前文提到的情境因素，可大致分为技术类因素、功能需求因素、经验类因素三类。

（1）技术类因素

技术因素在 Kawsar & Brush（2013）提出的三个层次中属于"终端情境"层次（Device Context），涉及的主要是设备硬件方面的特性。在受访者的回答中，主要涉及设备硬件方面的差别对终端使用的影响，包括以下几个方面：

终端的输入输出特性：指的是使用中人机联系的所有交互部件，如键盘、麦克风、摄像头、屏幕等。屏幕的大小、触屏虚拟键盘或计算机全键盘、有无摄像头和麦克风等是受访者提及较多的考虑因素。如"手机上打字太慢了，还是得用电脑。""电脑没有摄像头和麦克风，登了（微信）也没办法语音视频。"输入输出特性与使用的目标、任务、情境的适配是使用者最关注的，多终端使用中当单一终端无法满足输入输出的要求，或使用有一定困难时，使用者会有多终端使用的倾向。

终端的数据存储能力：终端的数据存储能力通常是指终端能够存放文件数据的容量，手机、平板电脑等移动终端的存储能力较有限，大量数据保存在台式电脑、移动硬盘等硬件上，因此需要使用大量数据和资料时常伴随多终端使用行为。"……很多资料很大，都在台式机上，我平时主要用笔记本（电脑），有时候用到哪些资料就得同时开两台电脑。"

终端上的个人信息：此处提到的个人信息是指在功能使用中产生或涉及的与隐私相关的信息，如聊天记录、支付记录、使用记录、用户登录授权等。访谈中有受访者认为手机使用最大的便利是保障了与生活相关的个人信息的私密性和随身性，这也是手机几乎没有共享使用行为的原因之一。但同时在软件登录授权、密码管理、聊天记录转移等使用时，跨终端、跨平台的操作会带来诸多不便，例如，有受访者表示在电脑上购物时，支付仍会使用手机，原因是手机对支付信息管理更完整更方便，此时同时使用两个终端并非出于效率的考虑，而是重视个人信息的完整性。

（2）功能需求因素

功能需求因素是受访者多终端使用的主要诉求，与后续研究涉及的动机关联紧密。上部分技术因素本质上也可以进一步归纳为效率和个人信息两类需求的硬件基础。对于功能需求因素的判断上，多终端使用行为的功能需求应该是以多终端同时使用为前提的，而非不同终端功能需求的合集，因此相关的功能需求更为精炼。

社交通信需求：社交通信需求是受访者提及最多的功能需求，许多受访者同时使用多个终端的主要目的就是"保证不会错过微信、QQ 上的消息"，这也可以解释受访者最常见的多终端多任务行为是在使用某个终端时使用手机进行社交通信的功能。社交通信功能相对于其他功能具有较高的"重要性"和"优先级"，因而在多终端使用中占有重要地位。

便利需求：所有受访者在访谈过程中都提到了同时使用多个终端是为了"方便"。而"方便"至少具有两层含义，一方面是不需要过多考虑如何使用终端，倾向于自发的行为方式；另一方面是有意识地考虑如何使用终端可以提高效率并降低使用终端的难度。受访者在回答中往往并不具体对两层含义进行有意的区分，而是将其作为一个整体性的需求进行考虑。

个人信息需求：在技术因素部分已经对终端个人信息的因素进行了分析，除技术因素外，在功能方面个人信息需求也是重要因素，主要体现在个人信息的管理和快速地获取信息上。

效率需求：与便利需求存在一定差异，效率需求是指同时使用多个终端能够提高处理任务的效率。如技术因素中提到的键盘使用、数据存储等都是较典型的效率需求。受访者对此类需求的表述往往在工作情境下，且面对的工作任务是受访者工作中常见的。

社会化需求：访谈中有受访者表示同时使用多个终端有时是"为了让自己看上去很忙"，这可以看作一种社会化的需求，即通过使用多个终端让他人注意到自己忙于工作或是使他人提升对自己的关注度，与 Choi 等（2009）研究中手机使用的"地位动机"具有一定程度上的相似性。

（3）经验类因素

经验类因素并非一个有明确范围的分类，而是指受访者在访谈中不做详细解释、具有经验性的因素，如习惯、情绪等。习惯是受访者解释大部分多终端使用行为的主要因素，在访谈过程中尚未对使用行为细节进行询问时，受访者的回复通常为"习惯""没想太多""自己都没意识到"。这些回答并非敷衍，而是一些行为在日常生活中重复出现逐渐形成的习惯或特定模式。一些研究也将习惯视为一种动机（Zhang & Zhang，2012），这是受访者可察觉的、可自陈的经验性因素。另一些受访者自己也无法解释部分使用行为，如工作中"'一时兴起'看一下微博等"，可以认为是一种冲动性使用，"一时兴起就想看一下（手机）有没有什么有意思的，没什么特别的原因"。冲动与习惯的差异在于受访者还能够描述冲动影响的使用意愿和后续的使用行为，而描述习惯时受访者往往对使用行为的细节都无法回忆起来，这也表明习惯相对冲动的模式化更强，在使用者下意识状态下即导致了相应的使用行为。

上述三方面因素及前文探讨过的情境因素关系紧密，但也存在层次的区别，它们在不同层次上共同发挥作用并影响了多终端使用行为。技术因素在不同研究中的位置差异较大，对于日常生活中的终端使用而言，技术因素在较长的时间内是相对稳定的。这与特定技术的接受和持续使用存在较大区别，因而技术因素属于终端情境。这也决定了技术因素与多终端情境的联系紧密，是影响因素中相对稳定的。从访谈结果看，受访者对技术因素有较强的理性认知，说明即便是日常生活中的各类任务，理性的行为决策系统仍发挥着明确的作用。功能需求因素主要对应的是使用者内部动机层面，反映了使用者一些明确的功能需求，这些需求或目标也正是多终端使用行为发生的重要原动力。但需要注意的是，这些功能需求不能囊括所有多终端使用目标，且正如前面文献综述的论述，由于侧重动机的分类，需求功能因素对于解释行为层面的多终端使用行为也不完全适用，应将其纳入理性行为系统进行整体考虑。经验类因素主要包含看似矛盾的两个方面，习惯和冲动。习惯侧重强化现有理性行为模式，而冲动则始终在试图破坏这一过程。如前文所述，既往研究中有研究者认为经验类因素会受到情境的影响激发，或者是特定情境与特定经验匹配发挥作用。但在本部分访谈中未发现使用者对情境的感知和经验类因素存在直接关联，经验类因素更倾向于自主发挥作用，与特定情境的对应关系较弱，这一结果可能会对后续研究中理性、经验两类系统的作用机制分析提供依据。

4.8 本章小结

（1）终端基本使用形式及基本使用情况

结合问卷和访谈的结果，受访者使用比例较高的终端是手机、笔记本电脑，整体上终端使用组合形式较分散，五类终端都使用的受访者比例最高。第二终端方面，除手机外，其他类型第二终端使用比例和使用频率均较少。共享使用比例较高的终端是电视和平板电脑，平板电脑在家庭中较高的共享使用率与国外既往研究中的结果差异较大。笔记本电脑基本不存在移动中使用的情况，与台式电脑的使用情况趋同。

（2）多终端环境下各终端使用功能情况

对应问题 Q1a，结合使用数据实地采集和访谈的结果，在功能上，手机和计算机平台存在一定的功能分化。计算机平台在新闻 & 网页浏览、办公学习、下载 & 文件管理方面使用强度较高，办公室和家两类情境下，办公学习、下载 & 文件管理和社交 & 即时通信三项功能的使用差异较大。手机在社交 & 即时通信、基础通信方面使用强度较高，不同情境下生活理财类功能的使用差异较大。常用和重要功能方面，计算机平台二者差异相对较小，而手机的差异较大，除社交 & 即时通信功能外，其他功能均存在一定分化。

（3）多终端环境下终端使用情境和任务的划分

对应问题 Q1b，常见的终端使用情境为工作情境、家庭情境和"通勤"，其中"通勤"中较少使用多个终端，以移动终端的使用为主，家庭情境和工作情境则为典型的多终端环境。手机与特定情境的结合较为松散，常贯穿于各个使用情境。任务划分方面主要考虑任务的复杂度，使用者在不同情境下面对不同任务的使用选择存在差别，说明使用情境与任务存在关联。

（4）常见的多终端使用形式

多终端使用的主要情境为工作情境和家庭情境，"通勤"情境下基本以单一终端使用为主。使用行为的访谈结果验证了 Google（2012）提出的观点，多终端使用主要有相关任务和多任务两种，相关任务的使用行为多出于明确的目的和需求，多任务使用行为最普遍的是在电视或计算机使用时穿插使用手机，具有较强的习惯性。

（5）多终端使用的影响因素

多终端使用的影响因素主要可分为技术因素、功能需求因素和经验性因素，功能需求中包括社交通信、便利、个人信息、效率、社会化几类，可以作为后续动机研究的基础；经验性因素以习惯为主，受访者并未陈述具体的需求，而是更多地通过"习惯性的""下意识的"对使用行为的原因进行描述。使用情境并不单纯是使用行为发生的场景，而是包含任务、常见情境和使用功能在内的作为整体的模式。

5 多终端使用动机

5.1 多终端使用动机基础理论

心理学中，动机是"作用于有机体或有机体内部，发动并指引行为的某种力"①，或"在自我调节的作用下，个体使自身的内在要求与行为的外在诱因相协调，从而形成激发、维持行为的动力因素"②。在心理学等相关领域研究中也可以用动机的概念解释行为强度的差异和行为的坚持性（Petri & Govern，2005）。动机与行为的关系紧密而复杂，主要体现在四点：有动机不一定有行为；有些行为没有动机；同一动机可产生几种行为表现；同一行为可能受多种动机驱使（张爱卿，1996）。本研究涉及的多终端使用动机是指驱动多终端使用行为的动机因素。

在多终端使用动机相关研究中常以使用与满足理论作为基础。使用与满足理论是以马斯洛的需求与动机理论为基础拓展形成的。Katz 等在 1974 年正式阐明了其理论主体，即个人为了满足需求和

---

① Herbert L. Petri，John M. Govern. 动机心理学（第五版）［M］. 郭本禹，等，译. 西安：陕西师范大学出版社，2005：150-158.

② 张爱卿. 论人类行为的动机——一种新的动机理论构理［J］. 华东师范大学学报：教育科学版，1996（1）：71-80.

实现目标，在有多种来源的环境中使用媒介（周葆华，2005）。其基本研究有五个主要假设：第一，受众是主动的，使用媒介是为了满足特定的目的；第二，在大众传播过程中，媒介的使用和需求是由受众联系起来的；第三，媒介和其他传播方式竞争，以满足需求；第四，在研究方法上，研究者可以从受众提供的资料中推断使用媒介的目的；第五，传播的意义由受众自己判断，不必对媒介进行价值判断（Katz 等，1974；周葆华，2005）。可以看出，使用与满足理论是以受众具有相当主动性为前提的，在处理动机相关的问题时，使用与满足理论可以很好地对动机与行为间的关联逻辑进行解释。但同时，动机及使用与满足理论并不能解释所有行为，例如，日常生活中可能的无意识或习惯性的不易察觉的多终端使用行为，不依靠动机驱动或动机强度较低的情况下，行为可能无法全部通过动机解释。

Wang & Tchernev（2012）针对媒介多任务动机进行研究，得到了习惯（habitual）、认知（cognitive）、社交（social）、情绪（emotional）四类动机，研究中依然沿用了既往研究中的单一媒介使用需求类型。Zhang & Zhang（2012）对计算机多任务的动机进行了研究，研究中对计算机任务类型进行了分类，对包括需求在内的因素建立模型以解释多任务行为的机制，需求部分将八个因素通过因子分析分为三类因子，分别是方便（convenient）、简单（easy）、即刻（instant）；控制（control）、习惯（habitual）；社交（social）、情感（affective）、放松（relaxation）。Hwang 等（2014）通过因子分析将媒介多任务动机分为信息（information）、社交（social）、效率（efficiency）、娱乐（enjoyment）、习惯（habit）五类。Lim & Shim（2016）的研究对象是智能手机的多任务动机，萃取的三类因子分别是效率（efficiency）、功能（utility）、积极情感（positive affect），并且将任务类型分为普通多任务、无媒介多任务、跨媒介多任务和单终端多任务，考察三类动机因素对各类任务的影响。Dias（2016）对多屏使用动机进行了分析，将多屏观看形式进行了分类，动机分为实用（utilitarian）和情感（affective）两类，分别对应不同的需求。Kononova & Yuan（2016）的研究限定了学生群体，设置了确定的情境，主要考察学习工作相关任务下的媒介多任务动机，并将得到的动机与特定应用（软件）类型对应，涉及的动机因素有消磨时间（passing time）、逃避（escape）、放松（relaxation）、娱乐（entertainment）、信息（information）、工作学习效率（work/study effciency）。Bardhi 等（2010）和张郁敏（2015）的研究都涉及年龄或世代，Bardhi 等（2010）的研究考察不同年龄受众进行媒介多任务动机的差异，发现千禧一代认为媒介多任务可以使自己在控制（control）、效率（efficiency）、投入（engaging）、同化（assimilation）四个方面获益。张郁敏（2015）则以不同世代台湾受众为对象，以既往研究中得到的动机因素对不同世代受众的媒介并用动机进行因子分析，发现三个世代的媒介并用动机是一致的，但媒介并用行为不同。

综合以上相关研究成果可以发现，现有研究相对单一终端使用动机的研究而言数量较少，且一些研究的分析对象为特定类型终端组合，或各单一终端使用动机的整合。各研究的动机因素在社交、习惯等方面具有一定共性，但仍有许多差异因素，且现有研究多针对媒介共用行为，尽管研究中的媒介界定为特定终端，但仍不能肯定媒介共用的动机与多终端使用动机完全一致，无法代表多终端使用的动机，需要进一步验证。Lim & Shim（2016）的研究也表明，针对不同类型的任务，使用动机的情况会有变化，这对不同类型多终端使用行为的动机分析具有一定的借鉴作用。由于动机与行为的关系复杂，并非所有行为都可以用动机进行解释，也并非所有动机都会产生对应的行为，因而对于日常生活中许多琐碎、无意识的多终端使用行为的解释存在一定局限。此外现有多终端使用研究对动机间的关系、情境对动机的影响都较少，尽管动机可以在一定程度上说明动机本身的差异和对行为的影响，是多终端使用行为研究中不可缺少的部分，但独立形成具体的解释模型对多终端使用行为进行分析存在一定困难。因此在既往研究的基础上，结合本研究中获得的可能的多终端使用动机进行分析，以获得针对多终端使用的动机因素，可能是一种有效的研究路径。综上，多终端使用动机是多终端使用行为的内部动力，通过对既有文献的总结可以发现，多终

75

端使用动机的研究涉及的因素如情感、习惯等，是否属于动机范畴存在一定争论，因而只能判断动机因素有可能表征为多终端使用行为影响因素，但不能将二者完全等同。此外既有研究在动机因素的类型上由于涉及终端种类和视角有一定差异，并不能简单地直接移植至本研究中，因而需要对原始动机因素进行提取，再与既有研究中的因素整合进行分析。因此提出以下两个研究问题：

Q2a：哪些多终端使用动机会对多终端使用行为产生影响？

Q2b：不同群体的多终端使用动机是否存在差异？

5.2 本章研究步骤

通过上一章的半结构化访谈，已经获得了部分多终端使用动机的因素，结合既往文献的分析可以发现一些因素与先前研究有相当强的关联，但仍不能完全以先前研究的因素进行本研究的测量。一方面，先前研究以媒介多任务、媒介并用行为的讨论为主，尽管与多终端研究的关联性很强，但仍存在一定的差异，需要进行修正和补充；另一方面，先前研究多关注特定的媒介多任务行为或特定终端的同时使用，在施测问卷的移植性上存在一定的问题。因而需要结合本研究访谈结果和文献的内容重新分析多终端使用动机的因素并形成新的问卷施测，进而验证动机对使用行为的影响。除此之外，在正式问卷中还加入了对人口统计学变量、多终端基本使用情况的测量，以对多终端使用行为的情况进行考察。具体研究步骤如下：

（1）确定预测试问卷初始变量。将既往文献中关于动机的变量与上一章访谈中涉及的多终端使用动机整合，确定初始变量，并形成预测试问卷的初始题项。

（2）制订预测试问卷并施测。对初始题项进行评估修订，形成预测试问卷并施测。

（3）分析预测试问卷并修改题项。通过探索性因子分析对预测试问卷的题项进行分析，剔除部分题项并萃取新的因子。

（4）制订正式问卷并施测。以探索性因子分析的结果为主体，补充多终端基本使用情况题项形成正式问卷并施测。

（5）正式问卷数据分析。数据分析主要分为两部分，第一部分主体为多终端基本使用行为数据的分析，第二部分为针对多终端使用动机部分的回归分析，用于验证多终端使用动机对多终端使用行为的影响。

5.3 多终端使用动机的定义和测量

通过既往研究的相关讨论可以知道，对于多终端使用动机的研究归纳主要有两类，以 Wang & Tchernev（2012）的研究为代表，对多终端使用动机的归纳源于各类单一终端的使用动机；而以 Zhang & Zhang（2012）的研究为代表，认为多终端使用动机是出于"特殊"的需求，此类需求恰恰是单一终端无法满足的，因此使用动机应单独考虑。对两类观点得出的多终端使用动机进行对照发现，二者在习惯、休闲、社交等方面一致，而如他人认可（地位）动机则为单一研究来源。本研究基本认可第二种观点，认为多终端使用动机与不同单一终端使用动机组合有差异，但对于动机的"特殊性"持保留意见，原因是两类观点的动机类型有大量重叠，无法充分显示其"特殊性"。本研究认为，多终端使用动机与不同单一终端使用动机组合的主要差异在于使用者形成了某些既定的多终端使用行为组合以满足其最为重要的使用需求，或由于习惯和经验形成了特定多终端使用行为的模式。但在初始变量的选择和定义时，为了尽可能保证研究的完整性，本研究依然将相关的不同单一终端的使用动机保留，在后续验证中考察其合理性。基于上述讨论，预测试问卷初始变量如下：

（1）便利，指使用者可察的时间的节省、效率的提高、低使用负担及易得性。

（2）习惯，指使用者可察的形成模式和经验的使用行为动机，表现为无过多认知负担并符合个人行为风格。

（3）社交，指使用者社会交往行为的动机，包括终端上的各类社交行为的动机，不单指社交媒体的使用动机。

（4）信息，指使用者获得信息的动机及处理个人信息的动机。

（5）休闲，指使用者休息放松娱乐的动机。

（6）认知，指使用者获得知识、对工作学习提供支持和帮助的动机。

（7）他人认可，即既往研究中的"地位"，指获得他人关注、认可，提升个人在群体中地位和重要性的动机。

以上述 7 个变量为准整理得到 25 个题项，请相关领域的 6 名博士、硕士对 25 个题项进行评估并提出修改意见。以修改意见为参考，对其中有歧义和内容重复的 4 题进行删除，1 题与保留题目进行合并，形成 20 题的预测试题项。并在这些题项的基础之上，加入多终端使用基本情况、人口统计学变量的测量部分，形成预测试问卷。参照既有研究对多终端使用动机的因素归纳对 20 题进行了重新分类并命名，题目具体情况见表 5.1（为使表格清晰，题项主语"同时使用多个终端"均省略）：

表 5.1　　　　　　　多终端使用动机预问卷原始题项

变量名	题　项	部分题项参考来源
便利	可以提高工作学习的效率 对我而言很方便 对我而言很容易 可以节省时间	Hwang 等（2014）
习惯	对我而言是很自然的 符合处理事务的节奏	Zhang & Zhang（2012）
社交	随时与其他人保持联络 在社交媒体上发布状态和想法 随时关注他人社交媒体的动态	Hwang 等（2014）、 Lee 等（2010）

续表

变量名	题 项	部分题项参考来源
信息	不错过重要的信息或留言 更快地查找信息 随时随地处理私人事务和信息	Hwang 等（2014）
休闲	很有趣 比较容易打发时间 随时查看感兴趣的内容 在工作学习时有机会放松	Hwang 等（2014）、 Zhang & Zhang（2012）
认知	获取更多的资讯和知识 对工作学习有很大帮助	Wang & Tchernev（2012）
他人认可	让我觉得自己很重要 让我觉得自己受到他人的关注	Choi 等（2009）

5.4 测量工具的修订

5.4.1 预测试受访者基本情况

结合前文对研究群体的选择，预测试问卷发放的目标群体以18~40 岁人群为主，但也不排除其他高龄段受访者。由于预测试问卷后续需进行因子分析，对样本数量有一定要求。对于因子分析样本量的标准有两类观点，样本数量和样本量与题项数比值。从样本数量角度出发，Gorsuch 认为样本量应大于 100；[①] MacCallum 等认为样本量应至少为 100，以 200 以上为宜；[②] Hutcheson & Sefroniou

---

① Gorsuch R L. Factor analysis[M]. 2nd ed. Hillsdale,NJ：Erlbaum,1983.

② MacCallum R C, Widaman K F, Zhang S, Hong S. Sample Size in Factor Analysis [J]. Psychological Methods, 1999 (4)：84-99.

则认为样本量应在 150 至 300，当只有一些高相关变量时，150 多的样本量仍可接受。① 从样本量与题项数比值考虑，至少应该为 5 倍关系（Bryant & Yarnold，1995），以 10 倍为宜。② 综合两类标准，考虑到预测试问卷的题项数量和发放成本，本研究选择主体题项 10 倍且 250 份以上有效样本为标准。预测试问卷采用便利抽样方法，以线上问卷发放为主，通过人际关系在各类社交媒体发放。由于使用了网络问卷质量控制的功能，不存在缺省值的问题，收回 267 份问卷全部有效。剔除回答中有明显矛盾答案（如拥有终端情况与使用情况不符）和无效答案问卷（如全部答案选择相同项）后，获得有效问卷 254 份，符合因子分析的样本量要求。

对回收的问卷进行统计分析，首先检查受访者基本情况。受访者以 18~40 岁群体为主，受教育程度以本科为主，女性被试多于男性被试，整体情况基本与施测预期相符。受访者基本情况见表 5.2。

表 5.2　　　多终端使用动机预问卷受访者基本情况

		数量	百分比
性别	男	88	34.6
	女	166	65.4
年龄	18~25 岁	196	77.2
	26~30 岁	24	9.4
	31~40 岁	30	11.8
	41~50 岁	3	1.2
	60 岁以上	1	0.4

① Hutcheson G, Sofroniou N. The Multivariate Social Scientist: Introductory Statistics Using Generalized Linear Models [M]. Thousand Oaks, CA: Sage Publications, 1999.

② Garson D G. Factor Analysis: Statnotes [EB/OL]. [2023-08-27]. http://www2. chass. ncsu. edu/ garson/pa765/factor. htm.

续表

		数量	百分比
教育程度	高中及以下	1	0.4
	大专	9	3.5
	本科	198	78.0
	硕士	41	16.1
	博士	5	2.0

5.4.2　信度分析

信度（reliability）是指"采用同样的手段对同一对象进行重复测量时，产生相同结果的程度，它意味着测量的稳定性、一致性和可靠性"。[1] 陈阳的研究表征了测量工具的稳定性，信度越高，表明能够测量到需测事项的程度越高，得到的数据越可靠。信度对问卷的评估和分析非常重要，其中一个重要方面为内在一致性分析，内在一致性分析主要检验多项目量表中各个项目的一致性。[2]内在一致性的测量主要有折半法、alpha 信度（Cronbach α）系数法和平均相关系数法三种，其中 Cronbach α 系数法最为常用，本书的信度评估即采用 Cronbach α 系数法进行。对于 Cronbach α 系数的标准，Cuieford（1965）认为 Cronbach α 系数值小于 0.35 为低信度，大于 0.7 为高信度，低于 0.35 则应该拒绝（Wortzel，1979）；Nunnally（1978）则认为 Cronbach α 系数值至少应大于0.5。预测试问卷每一个变量的 Cronbach α 系数都高于 0.8，可以认为具有良好的信度。具体 Cronbach α 系数值见表 5.3。

81

---

① 陈阳．大众传播研究方法导论［M］．北京：中国人民大学出版社，2007.

② 柯惠新，等．传播统计学［M］．北京：北京广播学院出版社，2003.

表 5.3   多终端使用动机预测试问卷信度分析

变量	Cronbach α 系数
便利	0.877
习惯	0.811
社交	0.869
信息	0.854
休闲娱乐	0.867
认知	0.800
地位	0.861

5.4.3　因子分析

5.4.3.1　探索性因子分析方法

因子分析（factor analysis）是将一系列变量归纳为较少变量的方法，其主要作用在于把一系列题项中关系密切的题项组合为数目较少的因子，达到化繁为简的目的。① 因子分析也是分析量表结构效度的重要手段（甘怡群，2005）。因子分析分为探索性因子分析（exploratory factor analysis）和验证性因子分析（confirmatory factor analysis），二者的主要区别在于探索性因子分析中因子个数不确定，验证性因子分析则是在研究者已对因子个数、载荷有假设的情况下进行的验证性分析。此部分研究旨在对现有多终端使用动机变量进行归纳和筛选，因此采用探索性因子分析方法。

因子分析的实施一般需要满足一定的前提。首先，应保证待分析样本量的充足，此问题在问卷发放部分已做详述，在此不再赘述。其次，应保证数据具有一定的变量内部相关，通常使用 KMO

---

① 马庆国. 管理统计：数据获取、统计原理、SPSS 工具与应用研究[M] . 北京：科学出版社，2002.

（Kaiser-Meyer-Olkin Measure of Sampling Adequacy）统计量表征，KMO 统计量值范围在 0 至 1，越接近 1 表明越适合进行因子分析，对于其底线值，Kaiser & Rice（1974）给出的范围在 0.6 为普通（Mediocre），勉强可以进行因子分析，通常认为进行因子分析 KMO 值至少应高于 0.6（甘怡群，2005）。最后，Bartlett 球形检验（Bartlett's Test）值应达到显著。预测试问卷进行 KMO 检验和 Bartlett 球形检验后，KMO 值为 0.91，并通过 Bartlett 球形检验，表明非常适合进行因子分析。

因子分析估计因子负荷量的方法主要有主成分分析法（principal component analysis）、主轴因素法（principal axis factoring）和极大似然法（maximum likelihood factoring）等，其中主成分分析法最为常用，此部分研究即选择主成分分析法进行分析。一般估计因子负荷量后会对因子符合矩阵进行旋转，以获得更适合进行理论解释的结果。① 旋转方法主要有正交旋转和斜交旋转两类，正交旋转默认因子间没有相关，斜交旋转则会考虑因子间的相关。通常正交旋转使用较多，但对于心理问题所涉及因素往往相互关联，因此斜交旋转的使用也较为常见。② 本书研究涉及变量多为心理问题相关因素，因此选择斜交旋转（oblimin）方法。

对于保留因子的取舍和因子载荷的筛选规则上，主要有以下几项：

（1）通常特征值（eigenvalue）大于 1 的因子应保留（Kaiser，1960；Stevens，2002）。

（2）方差百分比规则，根据 Hair 等（1998）的观点，社会科学领域中的数据精确度无法像自然科学领域研究那么高，因此萃取的共同因子累积方差贡献率大于 50% 即可接受，达到 60% 即为可靠，且累积方差贡献率越高越理想。

（3）一个变量的因子个数至少大于 1（Stiggelbout 等，2004）。

---

① 卢纹岱. SPSS for Windows 统计分析（第三版）[M]. 北京：电子工业出版社，2003.

② 张敏强. 教育与心理统计学 [M]. 北京：人民教育出版社，2001.

（4）如删除某个变量后其所述因子内部一致性大幅降低，则应该尽量保留此变量（Chiou 等，2006）。

（5）因子负荷显著性原则，通常认为因子负荷值大于 0.4 的条目是值得考虑的，因此 0.4 也是许多研究的参照标准，Hair 等（1998）认为因子负荷和样本量的大小有关，样本量为 200 时因子负荷 0.4 达显著，样本量增大则因子负荷标准降低，反之亦然。交叉负荷（cross loading）是指一个条目同时在两个因子中负荷值都一定程度显著的情况。为了避免此种情况的影响，通常采用更严格的范围划定因子负荷的筛选标准。本书采取因子负荷大于 0.5 且交叉负荷小于 0.3①（Brown，2009）为筛选标准，以尽可能保证因子分析的精度。

5.4.3.2　因子分析结果与发现

根据上述方法进行探索性因子分析，剔除"很有趣""在工作学习时有机会放松""获取更多的资讯和知识""对工作学习有很大帮助"四个题项，萃取出三个因子，将三个因子重新命名为"需求满足""便利习惯""他人认可"，分别提供了 55.083%、9.054%、8.227% 的方差贡献，总体累计方差贡献为 72.364%。旋转后的因子负荷矩阵结果见表 5.4。

表 5.4　多终端使用动机预测试问卷旋转后的因子负荷矩阵

	因　子		
	因子 1	因子 2	因子 3
随时与其他人保持联络	0.851		
不错过重要的信息或留言	0.845		
比较容易打发时间	0.842		
随时关注他人社交媒体的动态	0.839		

---

①　原文建议值为 0.32。

续表

	因　　子		
	因子 1	因子 2	因子 3
随时随地处理私人事务和信息	0.818		
在社交媒体上发布状态和想法	0.769		
随时查看感兴趣的内容	0.565		
更快地查找信息	0.530		
可以节省时间		−0.878	
对我而言很方便		−0.866	
对我而言很容易		−0.862	
符合处理事务的节奏		−0.818	
对我而言是很自然的		−0.815	
可以提高工作学习的效率		−0.651	
让我觉得自己受到他人的关注			0.922
让我觉得自己很重要			0.859
方差贡献率（%）	55.083	9.054	8.227
累计方差贡献率（%）	55.083	64.137	72.364
因子命名	需求满足	便利习惯	他人认可

提取方法：主成分分析。
旋转方法：Kaiser 标准化斜交法。
旋转在 7 次迭代后已收敛。

　　对得到的三个因子进行 Cronbach α 系数检验，以判断各因子的信度，需求满足、便利习惯两个因子的 Cronbach α 系数值分别为 0.930 和 0.917，他人认可因子 0.861，可以判断问卷具有良好的信度。探索性因子分析得到的三个因子共 16 道题项作为多终端使用动机的问卷主体部分应用于后续的正式问卷。将探索性因子分析后得到的题项与预测试问卷问题收集时的变量进行对照，结果见表 5.4。

表 5.4　　　　　　　多终端使用动机因子变量题项对照表

新因子	预测试变量	题　　项
需求满足	社交	随时与其他人保持联络 在社交媒体上发布状态和想法 随时关注他人社交媒体的动态
	信息	不错过重要的信息或留言 更快地查找信息 随时随地处理私人事务
	休闲	比较容易打发时间 随时查看感兴趣的内容
便利习惯	便利	可以提高工作学习的效率 对我而言很方便 对我而言很容易 可以节省时间
	习惯	对我而言是很自然的 符合处理事务的节奏
他人认可	他人认可	让我觉得自己很重要 让我觉得自己受到他人的关注

　　通过上述对照，可以对探索性因子分析的结果从以下几个方面进行讨论和解释：

　　(1) 因子需求满足包含社交、信息、休闲三个变量，这三个变量都是使用者相对"显性"的使用需求，与访谈的结果相符。信息变量在既往研究中的争议较大，Wang & Tchernev（2012）将信息变量与工作学习合并为认知因子；而 Hwang 等（2014）则将信息作为独立因子处理。从本研究的探索性因子分析结果看，在多终端的语境下支持信息与认知相对独立的观点。

　　(2) 因子便利习惯包括便利和习惯两个变量，相对预测试问卷变化较小，此因子的形成也与访谈结果相符，验证了多终端使用者在日常情境下的使用行为具有经验性和习惯性。习惯变量的归纳分类在既往研究中的争议较小，张郁敏（2015）研究的因子分析中，习惯与方便归入同一因子，与本研究的结果一致。这也可以说明便利变量与习惯变量具有较强的关联性，使用者对于便利动机的认识并不完全等同于 Hwang 等（2014）研究中的"效率"，而是与"易用性"具有一定的相似性，使用者便利动机在一定程度上并非有意识地提高效率，而是尽量减少多终端行为决策中的认知资源消耗。

（3）因子他人认可的题项没有变化，这说明此变量相对稳定。但由于此变量是唯一一个来源于单一终端使用动机研究的变量（Choi 等，2009），不能排除与其他源自多终端研究变量间的结构性差异。

📚 5.5　多终端使用动机对使用行为的影响

5.5.1　数据收集方法及受访者情况

完成上一部分的探索性因子分析后，制定正式问卷，问卷分为三部分，结构如下：

（1）人口统计学变量。包括性别、年龄、受教育程度。

（2）终端使用基本情况调查。此部分主要包括被试拥有终端的数量、日常多终端的使用组合两部分。拥有终端数量的题项为矩阵单选题，列出了手机、台式电脑、笔记本电脑、平板电脑、电视、其他终端共六类终端，受访者选择每类终端常用的数量。日常多终端使用组合的题项为多选题，受访者可以选择日常经常使用的多终端组合，访谈中涉及的有手机、台式电脑、笔记本电脑、平板电脑、电视五类常用终端，及三种终端同时使用的选项。

（3）多终端使用动机问卷。在探索性因子分析萃取出的题项基础之上，添加表征多终端使用行为强度的题项三题，形成问卷主体。

上述三部分整合形成多终端使用动机正式问卷。①

问卷的发放以线上发放与线下发放相结合的方法。在网络问卷调查平台录入问卷内容，以"滚雪球"的方式通过社交媒体、社交群组等方式扩散分发。线下发放主要通过高校教师、企业管理人员在其人际关系范围内分发，但分发方式不是纸质问卷，而是通过网络问卷分发的形式完成。由于采用了网络问卷的质量控制功能，收回问卷均无缺失值，共收回 489 份问卷，剔除未成年人、回答中有明显矛盾答案（如拥有终端情况与使用情况不符）和无效答案问卷（如全部答案选择相同项）后，最终回收有效问卷 449 份。有效样本量满足 Miller & Kunce（1973）提出的样本变量比 10：1以及 Schmelkin & Pedhazur（1991）提出的 30：1 的要求。

受访者中男女比例分别为 48.3% 和 51.7%，年龄分布仍以 18至 40 岁为主，学历以本科为主，符合整体研究的样本要求，具体情况见表 5.5。

表 5.5　　多终端使用动机正式问卷受访者样本基本情况

		数量	百分比
性别	男	217	48.3
	女	232	51.7
年龄	18~25 岁	285	63.5
	26~30 岁	56	12.5
	31~40 岁	79	17.6
	41~50 岁	14	3.1
	51~60 岁	9	2.0
	60 岁以上	6	1.3

---

① 问卷具体内容参照附录。

		数量	百分比
	高中及以下	6	1.3
	大专	22	4.9
教育程度	本科	359	80.0
	硕士	55	12.2
	博士	7	1.6

5.5.2　多终端基本使用情况分析

多终端基本使用情况主要考察多终端使用组合和终端拥有量，通过对二者的分析可以大致描述使用者拥有、使用终端设备的情况。

5.5.2.1　多终端使用组合

多终端使用组合的题项主要调查受访者经常使用的多终端组合，即多终端使用模式。从图5.1可以看出，最常见的使用模式是"笔记本电脑+手机""电视+手机""台式电脑+手机"，与访谈结果一致，也证明两终端使用是较为常见的多终端使用模式，三个及以上终端同时使用的情况相对较少。此外，平板电脑与手机外的其他终端共同使用的情况都较少，也证明了国内使用者使用行为与国外研究中呈现的使用行为存在一定的差异。

5.5.2.2　终端拥有量

终端拥有量旨在调查受访者当下拥有的终端及数量，对二者是否经常使用不做考察，终端拥有量尽管不能直接反应受访者多终端使用的强度，但对于多终端使用可能及多终端环境影响强弱的估计是有意义的。

（1）多终端拥有情况

多终端拥有情况是指受访者不同终端拥有组合的整体情况，受访者终端拥有组合的情况较为复杂，许多组合种类使用者较少，因

89

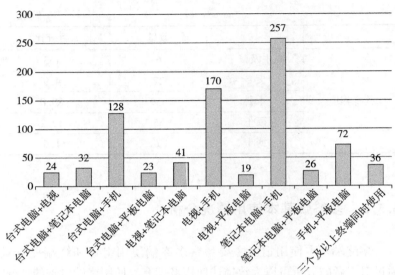

图 5.1 多终端使用动机正式问卷-多终端使用组合

此图 5.2、表 5.6 中仅呈现选择人数占 2% 以上的组合，累计占比 57%。组合名称进行了简化，S 代表手机、D 代表台式电脑、L 代

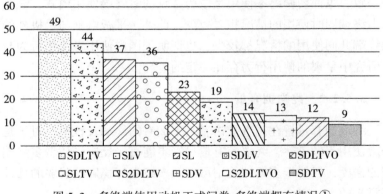

图 5.2 多终端使用动机正式问卷-多终端拥有情况①

————————————

① S 代表手机，D 代表台式电脑，L 代表笔记本电脑，T 代表平板电脑，V 代表电视，O 代表其他终端；数字 1、2 分别代表第一、第二终端。

表笔记本电脑、T 代表平板电脑、V 代表电视、O 代表其他终端（如 Kindle、游戏机等），相应字母后带有数字的则表示此类终端的拥有数量，如"S2"代表拥有 2 台手机。从图中反映的情况可以发现，多终端拥有情况分布相对均匀，常见的"双终端"仅在手机拥有量上有体现。

表 5.6　多终端使用动机正式问卷-多终端拥有情况数据①

	频率	百分比	累计百分比
SDLTV	49	10.9	10.9
SLV	44	9.8	20.7
SL	37	8.2	29.0
SDLV	36	8.0	37.0
SDLTVO	23	5.1	42.1
SLTV	19	4.2	46.3
S2DLTV	14	3.1	49.4
SDV	13	2.9	52.3
S2DLTVO	12	2.7	55.0
SDTV	9	2.0	57.0

（2）各终端拥有数量

各终端拥有数量主要反映每种终端总体的拥有情况，主要分为拥有 1 台、拥有 2 台、拥有 3 台及以上三种情况，从图 5.3 可以看出，手机的总体拥有量最高，每个受访者都使用手机，同时使用 2 台手机的比例也相对较高，同时拥有 3 台同类终端的情况均较少。

（3）拥有终端总数

拥有终端总数指的是受访者总共拥有终端的数量，从图 5.4 可以看出，终端拥有总数较多分布在 3 台、4 台、5 台，这与多终端

91

---

① S 代表手机，D 代表台式电脑，L 代表笔记本电脑，T 代表平板电脑、V 代表电视，O 代表其他终端；数字 1、2 分别代表第一、第二终端。

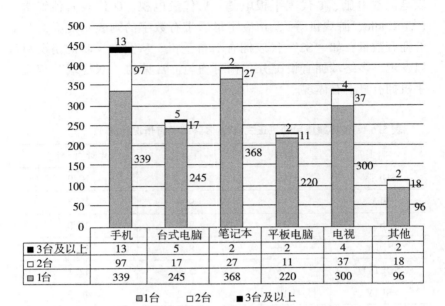

	手机	台式电脑	笔记本	平板电脑	电视	其他
■3台及以上	13	5	2	2	4	2
□2台	97	17	27	11	37	18
▨1台	339	245	368	220	300	96

▨1台　□2台　■3台及以上

图 5.3　多终端使用动机正式问卷-各终端拥有数量

拥有情况中体现的结果较为吻合。

（4）不同性别拥有终端数量的差异

以性别分组对拥有终端数量进行独立样本 t 检验。通过 Levene 检验考察方差齐性，结果显示在 0.05 的显著性水平下方差不齐（$P < 0.001$），因而选择校正后的结果。结果发现存在男女显著性差异（t（370.282）= 2.390，$P = 0.017$），其中男性（$M = 4.830$，$SD = 2.294$）拥有终端数显著高于女性（$M = 4.388$，$SD = 1.513$）。

（5）不同年龄拥有终端数量的差异

考虑到不同年龄段受访者人数差异较大，将受访者按照 18~30 岁、31~40 岁、40 岁以上为标准重新分为三组。以年龄为分类变量，以拥有终端数量为因变量进行分析。Levene 检验结果表明在 0.05 的显著性水平下数据具有方差齐性（$P = 0.391$），继而选择单因素方差分析进行数据处理，并采用 Bonferroni 方法进行事后多重

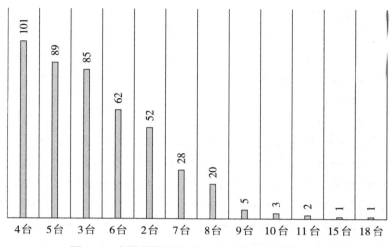

图 5.4 多终端使用动机正式问卷-拥有终端总数

比较（Post Hoc）。结果发现，不同年龄组在拥有终端数量上存在显著差异（$F_{(2, 446)}$ = 8.091，$P<0.001$），31~40 岁组（M = 5.354，SD = 1.687）拥有终端数量显著高于（$P<0.001$）18~30 岁组（M = 4.408，SD = 1.985），而 40 岁以上组（M = 4.828，SD = 1.537）与 18~30 岁组（P = 0.769）和 31~40 岁组（P = 0.614）均无显著差异。

5.5.3 性别和年龄对多终端使用动机的影响

（1）不同性别多终端使用动机的差异

以性别分组对多终端使用动机的三个因子，即需求满足、便利习惯、他人认可进行独立样本 t 检验。需求满足因子方面，Levene 检验结果表明在 0.05 的显著性水平下数据具有方差齐性（P = 0.168），男性组（M = 3.989，SD = 0.738）与女性组（M = 3.947，SD = 0.752）没有显著差异（$t_{(447)}$ = 0.586，P = 0.558）；便利习惯因子方面，Levene 检验结果表明数据具有方差齐性（P =

0.284），男性组（$M = 3.985$，$SD = 0.758$）与女性组（$M = 3.930$，$SD = 0.783$）没有显著差异（$t(447) = 0.746$，$P = 0.456$）；在他人认可因子方面，Levene 检验结果表明数据具有方差齐性（$P = 0.459$），因子上存在显著差异（$t(447) = 0.2.728$，$P = 0.007$），男性组（$M = 3.465$，$SD = 1.008$）显著高于女性组（$M = 3.196$，$SD = 1.079$）。

（2）不同年龄多终端使用动机的差异

以年龄分组为自变量，多终端使用动机的三个因子，即需求满足、便利习惯、他人认可为因变量进行分析。先对数据进行 Levene 检验以判断其是否具有方差齐性。结果发现在 0.05 的显著性水平下，需求满足因子的 Levene 检验结果显著（$P = 0.002$），表明方差不齐；便利习惯因子的 Levene 检验结果边缘显著（$P = 0.058$），表明可能存在方差不齐的风险；他人认可因子的 Levene 检验通过（$P = 0.434$），表明具有方差齐性。因而选择对他人认可因子进行单因素方差分析，对需求满足和便利习惯两个因子进行单因素 Welch 方差分析。结果表明，需求满足因子方面，18～30 岁组（$M = 3.941$，$SD = 0.775$）、31～40 岁组（$M = 4.112$，$SD = 0.623$）、40 岁以上组（$M = 3.879$，$SD = 0.655$）三组间无显著差异（$F_{Welch}(2, 70.449) = 2.531$，$P = 0.087$）；便利习惯因子方面，18～30 岁组（$M = 3.963$，$SD = 0.792$）、31～40 岁组（$M = 4.008$，$SD = 0.704$）、40 岁以上组（$M = 3.736$，$SD = 0.669$）三组间无显著差异（$F_{Welch}(2, 69.731) = 1.788$，$P = 0.175$）；他人认可因子方面，18～30 岁组（$M = 3.342$，$SD = 1.074$）、31～40 岁组（$M = 3.386$，$SD = 0.951$）、40 岁以上组（$M = 2.983$，$SD = 1.039$）三组间无显著差异（$F(2, 446) = 1.713$，$P = 0.181$）。

5.5.4 动机对使用行为影响的分析

前文通过探索性因子分析对多终端使用动机进行了萃取，得到了"需求满足""便利习惯""他人认可"三个因子，这三个因子为此部分研究的自变量，因变量为"多终端使用行为"，在正式问卷中由三个题项组成。

因此可以得到三个研究假设：

H1：需求满足动机正向显著影响多终端使用行为。

H2：便利习惯动机正向显著影响多终端使用行为。

H3：他人认可动机正向显著影响多终端使用行为。

形成模型如图 5.5 所示。

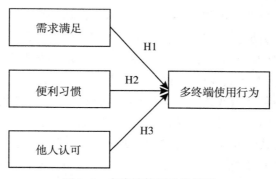

图 5.5　多终端使用动机模型

用于统计分析的有效样本为 449 个，变量数据没有缺失值，各变量描述性统计结果见表 5.7。

表 5.7　多终端使用动机与使用行为回归分析-变量的描述性统计

	平均值	标准差	个数
多终端使用行为	3.928	0.775	449
需求满足	3.967	0.745	449
便利习惯	3.957	0.770	449
他人关注	3.326	1.052	449

采用回归分析方法分析上述动机对多终端使用行为的影响。回归分析是研究变量之间依存变化的数量关系，并主要解决建立数学

表达式、进行预测或控制、进行因素分析三类问题。① 在回归分析中，如果自变量有两个以上则成为多元线性回归分析（吴明隆，2010）。此部分研究即使用多元线性回归方法验证多终端使用动机对多终端使用行为的影响。多元回归分析中，如果用于描述、解释或控制，通常会使用强迫进入法（Enter 法）。② 即同时强迫所有自变量进入回归分析，Howell（2012）认为在验证性研究中若预测变量不多应优先使用强迫进入法。此部分研究即使用强迫进入法验证探索性因子分析萃取出的因子对多终端使用行为的影响。

以需求满足、便利习惯、他人关注三个变量为自变量，多终端使用行为为因变量进行回归分析，回归方法采用强迫进入法（Enter 法）。对于共线性的诊断，Belsley 等（1981）以条件指数为标准，认为条件指数越大，共线性问题越严重，条件指数低于 30 代表共线性问题不明显，条件指数介于 30 和 100 之间则表示有中度至高度的共线性问题（邱皓政，2009）。吴明隆（2010）则认为共线性的诊断指标各变量容忍度均大于 0.01，VIF 值均小于 10，条件系数均小于 30，特征值均大于 0.01，说明自变量间不存在多重共线性问题。根据表 5.8 和表 5.9 中对应值的结果，以上述标准可以判断本研究回归分析结果不存在多重共线性的问题。同时根据表 5.8 中所示 F 检验结果，回归模型整体解释变异量达到显著水平（$F_{(3, 445)} = 221.793$，$P<0.001$），说明模型中至少有 1 个预测变量达到显著水平，整体模型成立。具体到三个自变量，需求满足对多终端使用行为存在显著的正向影响（$t=12.522$，$\beta=0.530$，$P<0.001$），便利习惯对多终端使用行为的正向显著影响也成立（$t=8.033$，$\beta=0.328$，$P<0.001$），但他人关注对多终端使用行为不存在显著影响（$t=-0.926$，$\beta=-0.031$，$P=0.355$），因此可知假设 H1、H2 被接受，H3 被拒绝。三个变量整体解释了多终端使用行为 59.9% 的变异量（$R^2=0.599$）。回归分析整体结果如图 5.6 所示。

96

---

① 凌云. 考试统计学［M］. 武汉：华中师范大学出版社，2002.

② 吴明隆. 问卷统计分析实务：SPSS 操作与应用［M］. 重庆：重庆大学出版社，2010.

表 5.8 多终端使用动机与使用行为回归分析-回归分析结果摘要表

| 模型 | | 非标准化系数 | | 标准化系数 | t | P | 共线性统计量 | | R^2 | 调整后 R^2 | F |
		B	标准误	β			容忍度	VIF			
1	常量	0.514	0.136		3.783	0.000***			0.599	0.597	221.793***
	需求满足	0.551	0.044	0.530	12.522	0.000***	0.503	1.986			
	便利习惯	0.330	0.041	0.328	8.033	0.000***	0.541	1.849			
	他人关注	-0.023	0.025	-0.031	-0.926	0.355^NS	0.783	1.277			

因变量：多终端使用行为

注：***表示 $P<0.001$，NS表示 $P>0.05$。

表 5.9　多终端使用动机与使用行为回归分析-共线性诊断

模型	维度	特征值	条件指数	方 差 比 例			
				（常量）	需求满足	便利习惯	他人关注
1	1	3.914	1.000	0.00	0.00	0.00	0.00
	2	0.056	8.395	0.07	0.01	0.03	0.96
	3	0.020	14.120	0.92	0.10	0.26	0.02
	4	0.011	18.580	0.01	0.88	0.71	0.02

因变量：多终端使用行为

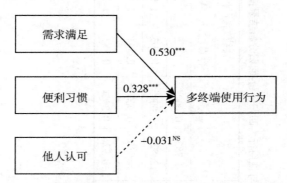

图 5.6　多终端使用动机与使用行为回归分析检验结果

***表示 $p<0.001$，*NS* 表示 $p>0.05$。

📚 5.6　本章小结

　　本章通过预测试问卷的施测和探索性因子分析形成了多终端使用动机问卷的主要题项，结合多终端基本使用行为相关题项形成了多终端使用动机正式问卷，经过施测分析后验证了多终端使用动机对多终端使用行为的影响，并进行了探索性分析以为后续研究提供支持。对应本章开始部分提出的问题，对得到的结论进行说明和讨论。

（1）针对 Q2a，需求满足和便利习惯两类动机正向显著影响了多终端使用行为，需求满足包括社交、信息、休闲动机，便利习惯包括便利和习惯。通过对原始动机变量的因子分析得到三个因子即需求满足、便利习惯和他人认可，他人认可在后续的验证性回归分析中被排除，需求满足和便利习惯对多终端使用行为的正向显著影响假设得到验证。他人认可动机被排除说明多终端使用者对于他人的关注和认可的动机并不强烈，对于提升或改变使用者在群体中的影响力和地位没有显著作用，其原因可能在于日常多终端使用行为本身是琐碎日常生活中常见的甚至无意识发生的，具有很强的经验性，因而无法获得社会关系中他人的特别关注。这一结果也说明，以他人关注为代表的社会性因素在多终端行为的解释中作用相对较低，人们进行多终端使用行为时或许处于特定的、以自身需求为导向的情境，因而社会化动机的作用不显著。此外，他人认可是唯一来源于单一终端使用动机研究的变量，来源于智能手机的动机研究，这在一定程度上也证明了多终端使用动机并非单一终端动机的组合，多终端使用的动机与各终端的使用动机存在差异。

对于得到验证的两类动机需求满足和便利习惯，从因子包含的变量看，验证了 Park 在多任务 PAT 模型中提出的目标性动机和经验性动机的观点，目标性动机和经验性动机分别对应明确的需求和习惯性、易用性的需求。需求满足包含的变量均为明确的任务和行为意向关联的动机，而便利和习惯动机均具有模式化、经验性的特点。说明对于日常生活情境下的多终端使用行为，存在两个加工过程，如访谈结论中提到的，对于任务不明确或使用者熟悉的情境，便利习惯所表征的加工过程优先；而对于日常情境下使用者主动或任务明确的情况时，需求满足的动机占有优势。但需要特别注意的是，尽管便利与易用性存在很强的关联，但二者并不等同，易用性仍是理性行为系统中的因素，而便利侧重使用者主观的经验性判断，与习惯的关联性更强。另外，从便利习惯因子内部两个变量的关系看，两个加工过程是否完全独立值得探讨，便利动机尽管具有一定的"自动化"加工特征，但并非无意识的，这也可以解释为两个加工过程并非完全独立，而是存在一定程度的关联，而不同类

99

型的影响因素也非按照特定加工过程严格区分，而是相互影响，是既包含理性加工过程也包含无意识类影响因素的模式化的整体。此外，结合访谈的结果和便利因子的含义还可以发现，多终端使用行为中，便利动机或许并非意味着以最低认知资源负荷为目标，而是以尽可能降低决策带来的认知资源负荷为目标。简单来说，如果根据既有研究中双系统理论解释一个即将发生的多终端使用行为，经验或者习惯性系统的启动是为了调用最少的认知资源完成任务，但本研究则认为习惯性系统的启动是为了降低决策过程消耗的认知资源，即便习惯性的行为过程更加复杂。例如，一个员工在工作时使用手机上的即时通信软件与客户沟通，同时使用电脑浏览相关的材料，如果从最少认知资源消耗的角度看，此模式并非最优方案，可以在电脑上登录即时通信软件减少不必要的多终端使用以降低认知资源的消耗，但使用者对于变换使用模式"不愿意多想"，也就是不想在使用模式的选择上消耗过多认知资源，而宁愿采取习惯的使用模式，即便明知会消耗更多的认知资源。在此情况下，习惯因素实质上是在强化和维持由情景决定的既有多终端使用行为模式，这也可以说明双系统理论在解释多终端使用行为时存在一定局限性，习惯性因素与理性行为系统不是割裂的。

（2）对应问题 Q2b，研究结果发现在拥有终端数量上，男性显著高于女性，31~40 岁组显著高于 18~30 岁组，40 岁以上组与 18~30 岁组和 31~40 岁组无显著差异。如前文所述，终端拥有数量侧重于反映终端消费的倾向，或者消费者自我感知的多终端使用的可能，但并不等同于多终端使用行为的强度或多终端使用动机的强度。多终端使用动机上也恰恰没有展现出相同的差异趋势，性别方面，在他人关注因子上，男性显著高于女性，在需求满足和便利习惯两个因子上没有显著差异；年龄方面，18~30 岁组、31~40 岁组和 40 岁以上组在三个因子上均无显著差异。这一结果与张郁敏（2015）的研究结果差异较大，性别、世代对多终端使用动机的影响未得到验证。其原因可能在于张郁敏（2015）考察的移动上网与电视并用行为相较多终端使用行为更为普遍，对于媒介拥有、使用等能力要求也相对较低，因而受访群体范围更广泛，本研究中受访者需对多终端使用行为有一定经验和认识，这一条件可能会一定程度上抵消世代和性别的影响。但这一结果整体上也说明，对于多终端使用动机而言，性别和年龄的影响不大，多终端使用者很大可能具有相同的内部机制。

6 多终端使用行为影响因素研究

6.1 多终端使用行为影响机制

对多终端使用行为影响机制的研究由于出发点的不同，研究切入的角度差异较大，形成了不同的观点。对应 Park 提出的研究层次，这些研究即以多终端使用行为影响机制为研究目标。

6.1.1 功能互补观点

苏建州（2006）在媒介共用偏好与网络广告关键字效果关系的研究中，以功能互补观点为理论基础展开研究。功能互补观点是以媒介生态位理论为基础发展而来的。时间的限制是此观点的重要前提，在面对众多的媒体选择时，人们只有有限的时间处理各类信息，因而产生媒介多任务行为（Kononova & Chiang，2015），因此认为时间限制是媒介多任务行为发生的重要原因（Smith，2005）。Dimmick & Rothenbuhler（1984）借用生态学相关理论提出了媒介生态位理论，新旧媒介形式犹如不同的物种，在媒介生态中竞争生存资源，而使用时间就是媒介形式间竞争胜负的关键。Kayany & Yelsma（2000）提出媒体间替代效果的三种关系，分别是替代（displacement）、互补（complementary）和功能替代（functional displacement）。替代是指新媒体替代旧媒体的使用时间；互补则是受众重新组织新旧媒体的使用，使二者使用时间增加；功能替代不针对使用时间，而是指新媒体对旧媒体功能上的替代作用。并且新旧媒介形式不一定是零和的替代关系，而有可能是共存共荣的互补关系。① 利用此观点解释多终端使用行为是由于不同终端的媒介功能存在差异且功能上互补而发生的，例如，在智能手机上可以方便地使用社交媒体，而非智能电视却不能。

6.1.2 媒介特性观点

Bardhi 等（2010）以媒介多任务动机的研究为基础，建立了媒介多任务影响模型（Model of Media Multitasking Impact，MAO）（如图 6.1），通过动机（Motivation）、能力（Ability）和机会（Opportunity）三个因素对多任务行为进行解释。动机主要指使用者媒介多任务的需求，能力指能够理解使用多个媒介内容的程

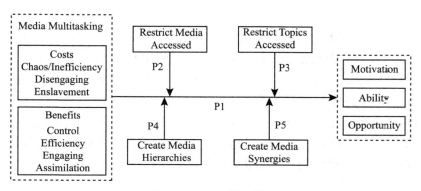

图 6.1　MAO 模型②

---

① 苏建州. 不同世代媒体使用行为之研究：以 2005 东方消费者行销资料库为例 [J]. 资讯社会研究，2006（10）：205-234.

② Bardhi F, Rohm A J, Sultan F. Tuning in and Tuning Out：Media Multitasking Among Young Consumers [J]. Journal of Consumer Behaviour，2010，9（4）：316-332.

度，机会指进行媒介多任务行为时外部的干扰。并认为媒介共用是由媒介特性决定的，媒介不同特性会影响受众投入的程度，进而区分媒介共用时哪个媒介是主要媒介。Brasel & Gips（2011）也通过实验验证了同时使用电视和计算机时被试对计算机的投入程度更高。

6.1.3　跨世代媒介并用行为理论

张郁敏（2015）将上述两种观点结合，并引入 Sherry（2004）媒介使用先天后天交互影响的观点，提出"跨世代媒介并用行为理论"，用以分析不同世代媒介共用行为的动机差异。结果显示，网络时代媒介并用行为明显更为活跃，且注意力主要集中于移动网络设备。三个世代的媒介并用动机一致，包括习惯、认知地位两个主要因素。

6.1.4　多任务 PAT 模型（Multitasking PAT Model）

Park（2014）以 PAT 模型（Person-Artifact-Task Model）为基础，结合沉浸理论（Flow）建立了多任务 PAT 模型（Multitasking PAT Model），以解决建立更好的使用者沉浸体验的问题（如图6.2）。多任务 PAT 模型中的 Person 定义为动机，包含目标性动机和经验性动机两个方面；Artifact 定义为技术负担形式，即使用者主动或被动使用技术功能的倾向；Task 即为任务关联性。三者为多任务 PAT 模型的三个维度。

104

6.1.5　媒介多任务动态整合模式

王喆（2015）在 MAO 模型的基础上，提出了"媒介多任务动态整合模式"。媒介多任务动态整合模式主要针对 MAO 模型的动机和机会部分进行整合改进，在动机部分将动机分为内部动机和外

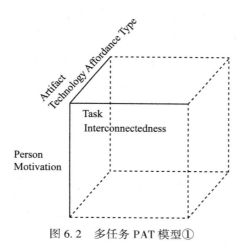

图 6.2　多任务 PAT 模型①

部动机，其中内部动机因素包括时间感知、必要性、无聊性、习惯性，外部动机因素整合了技术接受模型，包括知觉有用性和直觉易用性；机会部分引入了知觉奇特和知觉显著两个因素。此整合模式在动机层面强调了习惯性对不自觉使用行为的影响，以及习惯性使用对认知资源消耗的降低。在动机的外部因素中通过"能供性"（affordance）结合了技术接受模型（如图 6.3）。实际上，技术接受模型作为理性行为理论发展的模型以"动机的外部因素"的形式与 MAO 模型整合是存在一定理论问题的，技术接受模型作为一个整体是一个"理性行为的系统"，与动机不存在明确的隶属关系。如果将技术接受模型的主要因素感知有用性和感知易用性作为动机的外部因素，就意味着感知有用性和感知易用性是动机因素；如果将动机视作使用者内部的因素，而感知有用性和感知易用性是与动机相对的外部表现的话，则需要进一步明确内外因素间的关联

105

①　Park J H. Flow in Multitasking：The Effects of Motivation, Artifact, and Task Factors ［D］. Austin：The University of Texas at Austin, 2014.

或关系。即便存在一些问题，但王喆的模型整合仍具有一定的合理性，其原因在于使用动机因素解释所有理性的多终端（或多任务）行为是不现实的，动机和行为间的关系更为复杂，但习惯、无聊性等经验性动机与技术接受模型整合，可以彼此弥补，因而尽管理论推理上存在一定缺陷，但仍具有启发意义。

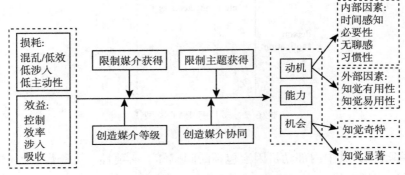

图 6.3　媒介多任务动态整合模式①

尽管上述研究的成果具有一定的启发性，但功能互补观点和媒介特性观点都相对关注终端方面的特性，对使用者使用行为的分析存在一定局限，同时由于研究切入角度的限制，对于使用者行为的机制分析不够深入。张郁敏从使用动机角度提出的"跨世代媒介并用行为理论"导入了世代差异对媒介并用行为的影响，按照此理论的观点延伸，多终端使用行为一定程度上是受不同世代人群多终端或多任务能力影响的，但此理论对于使用行为的机制亦未做太多解释。MAO 模型和以其为基础发展形成的媒介多任务动态整合模式具有一定的研究启发性，但 MAO 模型中各因素间的关系和作用机制不够明确，媒介多任务动态整合模式动机部分的分类存在一

———————

① 王喆．无限信息与有限认知：媒介多任务行为的动态整合模式［J］．新闻界，2015（22）：46-50.

定问题且整体模型为理论模型，未经过实证研究验证。对于本研究核心部分，即多终端使用行为影响因素的分析，在确定多终端使用行为的影响模式后，初步建立结构模型，再结合前两部分研究的部分相关结论确定影响因素及因素间可能的关系。通过建立结构模型进行实证研究以解释各因素对多终端使用行为的影响，以及因素间的关联。故提出问题如下：

Q3：哪些因素如何影响了使用者的多终端使用行为？

6.2 多终端使用行为理论模型的建立

通过对既有文献的梳理，可以发现影响多终端使用行为的动机因素从总体上可以分为两类，一类是理性的，如功能需求、效率、个人信息等；另一类是经验性的，如习惯、情绪等。同时由于日常生活中终端使用体现的琐碎和无意识性，使用者在进行多终端使用时可能存在非理性或下意识的使用行为。而对多终端使用行为进行解释的相关理论和模型如 MAO 模型、PAT 模型、媒介多任务动态整合模式，也在对应的部分强调了使用行为理性-经验性二分的特征。这与 Epstein（1994）提出的"经验系统（Experiential system）-理性系统（Rational system）"理论较吻合。此观点是较为典型的双系统（双重加工）理论观点，Epstein 认为人的思维风格（thinking style）是由经验系统和理性系统两个相对独立的系统组成的。① 但根据此理论展开，理性系统和经验系统间是相互独立的，这也意味着两个系统间的因素不会产生关联，这与一些针对信息系统接受的既有研究结果相悖。因此这里提出两种可能的多终端使用行为影响模式并进行分析。

107

---

① Epstein S, Pacini R, Denesraj V, et al. Individual Differences in Intuitive-Experiential and Analytical-rational Thinking Styles ［J］. Journal of Personality & Social Psychology, 1996, 71（2）：390.

6.2.1 影响多终端使用行为模式的比较

6.2.1.1 基于双系统理论的模式

所谓的"双系统"是指双系统理论（Dual-System Theory）或双重加工理论（Dual-Process Theory）及具有相关内涵的理论。由于许多研究者对此问题在不同时期进行过卓有成效的研究，造成此类型理论有多种不同的名称。一般认为双系统理论是指"人在认知加工中可能存在着两种截然不同的加工模式，一种为直觉加工，另一种为逻辑加工"①，这两种加工过程也被认为是两个不同的系统。其中直觉加工也常被称为系统 1，是由潜意识决定的；逻辑加工也常被称为系统 2，是"涉及语言正当化的有意识加工"②。根据胡竹菁等（2012）的介绍，首先提出双系统理论的是心理学家 Jonathan Evans，他在 1975 年提出人类的行为和意识之间至少存在两种不同的加工方式（Wason & Evans，1974；Evans & Wason，1976），其后又多次对理论进行了修正。其他许多研究者也在不同时期进行了双系统理论相关的研究（Sloman，1996；Stanovich & West，2000；Kahneman & Moshman，2002），尽管理论的内部结构和命名有差异，但整体而言理论的内涵基本一致，因此这些理论常被一同称为双系统理论（或双重加工理论）。双系统理论能够比较合理地解释人在进行决策时的认知过程和认知与行为的关联，但也存在一些问题。最重要的问题在于是否只有两个系统，两个系统之间是否存在关联。如 Moshman（2001）认为实际上有四个系统存在；Cleeremans 等（2002）则认为只有一个系统存在，其中有两种动态的分析方式。Evans 的"两种心灵"观点认为"思考性心灵"

---

① 廖菲. 双系统理论新进展 [J]. 牡丹江教育学院学报，2011（3）：111-112.

② 胡竹菁，胡笑羽. Evans 双重加工理论的发展过程简要述评 [J]. 心理学探新，2012，32（4）：310-316.

和"直觉心灵"不能等同于"有意识"和"无意识",而是两种心灵都包含意识和潜意识的支持系统(胡竹菁等,2012)。由此可见,双系统理论在具体内容和研究操作上仍存在较多争议,但其整体的理论概念较完整。

以双系统理论为基础构建模型针对行为进行的研究中,Ohtomo & Hirose(2007)的研究具有一定代表性。如图 6.4 所示,Ohtomo 和 Hirose 将影响环境友好行为的因素分为反应性决策(reactive decision)和有意性决策(intentional decision)两部分,两部分即两个系统,同时对行为产生作用,但二者间没有关联。模型的建构也参考了理性行为理论和计划行为理论等既有理性系统理论和模型。前文提及的研究中已经证明日常生活中的大量多终端使用行为是"自发的""习惯性的",按照经验-理性双系统模式的理论解释,这些多终端使用行为的发生是通过经验系统进行的,不需要过多的理性系统处理,消耗较少的认知资源。当出于某种需求,需要进行更加复杂的多终端使用时,通过理性系统进行处理,合理化地安排终端的使用组合和使用方式,此过程通常会消耗较多的认知资源。如以此模式解释多终端使用行为,经验系统和理性系统之间是否存在关联及处理进程的先后控制是一个重要问题。因此习惯等因素与理性行为系统是否存在关系无法得到解释,经验系统内部的因素间的关联也难以探讨。

6.2.1.2 基于理性行为理论的模式

除了上述基于双系统理论的模式观点,还可以以理性行为理论为主的观点解释多终端使用行为的模式。此模式以社会心理学框架下的理性行为理论为基础,通过模型从结构上解释人的理性行为。在此模式下,以理性行为系统作为解释行为的主体,包括习惯的经验性因素也对行为产生作用。因此理性系统与习惯并非完全独立的两个系统或过程,二者具有一定的关联,习惯、情绪等因素会对理性系统中的某些因素产生影响,作为一个整体影响多终端使用行为。虽然在结构上没有双系统理论结构明确,但优势在于可以考虑多种经验性因素与理性系统因素间的关联,以及非理性因素对多终端使用行为的直接影响，在理论上更为合理。

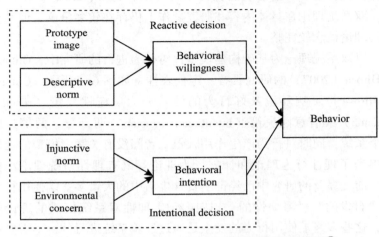

图 6.4 Ohtomo & Hirose（2007）提出的双系统模型①

在本研究中，动机因素是解释多终端使用行为的重要组成部分，但动机和行为的关系较复杂，除动机外，影响行为的因素还有很多（马斯洛，1987），因此各类动机并不能替代整个理性系统，而是证明了在动机层面，使用者有此类的意愿和需求。可以将需求满足类动机所对应的需求看作理性行为系统处理的任务中最常见和相对重要的。在进行多终端使用行为影响因素的探讨中，针对的行为类型是广泛的，因而仍需要回归理性行为理论的体系下进行讨论并建构模型。而习惯、情绪等在研究中占重要地位的多终端使用动机因素，在既有的理论和模型中也已有一定的讨论并形成了不同的观点，下面针对相关的各类模型进行讨论以为后续结构模型的建立提供参考和借鉴。

（1）理性行为理论（Theory of Reasoned Action，TRA）

---

① Ohtomo S, Hirose Y. The Dual-Process of Reactive and Intentional Decision-Making Involved in Eco-friendly Behavior［J］. Journal of Environmental Psychology，2007，27（2）：117-125.

　　Fishbein 在 1963 年提出了多属性态度模型（Theory of Multiattribute Attitude），用于解释消费者的购物态度及行为（Fishbein，1963）。在此理论基础上，Fishbein 和 Ajzen 在 1975 年提出了理性行为理论（Fishbein & Ajzen，1975）。理性行为理论源于社会心理学领域，主要针对人的有意识行为，如图 6.5 所示，它认为一个人的某个理性行为是由其行为意向（behavioral intention，BI）决定的，行为意向指的是特定行为的倾向性，行为意向又受到行为态度（attitude toward the behavior，AB）和主观规范（subjective norm，SN）的影响。理性行为理论主要用于预测受意识控制的行为，如直接应用于无意识等行为，会造成预测力低下的情况（Fishbein & Middlestadt，1995）。除了对理性行为良好的预测性外，理性行为理论被广泛使用的一个重要原因是其结构简洁开放，具有良好的拓展性，即可以加入其他变量以提高预测力或以其为基础形成新的模型（Ajzen & Fishbein，2005）。例如，计划行为理论（The Theory of Planned Behavior，TPB）、技术接受模型（Technology Acceptance Model，TAM）等应用广泛的理论模型都以理性行为理论模型为基础发展而来。

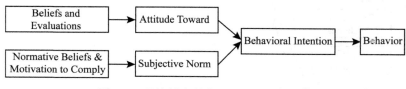

图 6.5　理性行为理论（TRA）示意图①

（2）UTAUT2 模型

UTAUT 模型（The Unified Theory of Acceptance and Use of Technology，UTAUT）也被称为整合型技术接受和使用模型，是

①　Money W，Turner A. Application of the Technology Acceptance Model to a Knowledge Management System［C］// Hawaii International Conference on System Sciences. IEEE，2004.

Venkatesh 等（2003）整合了理性行为理论、技术接受模型、动机模型（Motivational Model, MM）、计划行为理论、技术接受与计划行为理论整合模型（Combined TAM and TPB, C-TAM-TPB）、个人电脑使用模型（Model of PC Utilization, MPCU）、创新扩散理论（Innovation Diffusion Theory, IDT）、社会认知理论（Social Cognitive Theory, SCT）八个理论模型而提出的整合模型。如图 6.6 所示，模型的主要因素是绩效期望（Performance Expectancy, PE）、努力期望（Effort Expectancy, EE）、社会影响（Social Influence, SI）和便利条件（Facilitating Conditions, FC），行为意向（Behavioral Intention, BI）是影响使用行为（Use Behavior）的中介变量，还包括性别（gender）、年龄（age）、经验（experience）、使用自愿（Voluntariness of Use）四个调节变量。2012 年，在 UTAUT 的基础上，

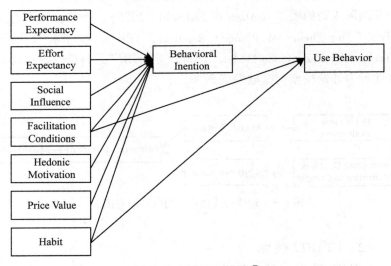

图 6.6 UTAUT2 模型①

---

① 对模型进行了简化，不包括调节变量；Venkatesh V, Thong J Y L, Xu X. Consumer Acceptance and Use of Information Technology: Extending the Unified Theory of Acceptance and Use of Technology ［J］. MIS Quarterly, 2012, 36（1）: 157-158.

Venkatesh 等（2012）针对消费者对信息技术的接受和使用提出了 UTAUT2 模型，除添加了享乐动机（Hedonic Motivation，HM）、价格价值（Price Value，PV）因素外，还添加了习惯（Habit，HT）因素，并认为习惯因素会正向影响使用意愿和使用行为。这也从侧面说明习惯作为外部因素加入理性系统模型的合理性和可行性。

（3）Triandis 模型

Triandis 模型是 Triandis（1980）通过观察研究基于理性行为模型提出的，其主要发展在于将习惯、情感等非理性行为因素以及社会因素加入模型，与理性行为部分进行整合。他认为行为主要受到意愿（Intention）和习惯（Habits）共同作用而发生，便利条件（Facilitating Conditions）起到了调节作用，而意愿又受到态度（Attitude）、社会因素（Social factors）和情感（Affect）的影响（如图 6.7 所示）。相较其他关于理性行为的模型，Triandis 模型将诸多非理性因素考虑其中，因而更加全面且符合实际生活中的情况，尤其是习惯因素和情感因素的引入，为后续相关模型的建构提供了有力的依据和参考。模型中习惯因素只直接作用于行为，地位与意愿因素等同，因此实质上是一个"双路径"（dual-path）模型，既包括理性行为的路径，也包括习惯的路径。由于 Triandis 模型结构相对复杂，相关研究的数量相对较少，以其为主体模型进行研究的情况也相对少，更多情况是提取模型局部与其他模型进行整合，或提供模型构建理念上的支持。

对 Triandis 模型的修正和整合主要有以下研究成果。Thompson 等（1991）将 Triandis 模型应用于个人电脑的使用接受研究中，介绍了 Triandis 于 1980 年提出的修正模型（如图 6.8），修正模型中习惯对情感因素有正向影响且受行为发生后的强化作用，便利条件成为直接影响行为的因素而不是调节变量，与 Limayem 等（2007）提出并验证的模型类似。Boyd & Wandersman（1991）使用 Triandis 模型讨论避孕套使用行为时，将情感因素处理为艾滋病恐惧，同时考察了作为过往使用经历表现的习惯因素的作用情况。Li & Lee

113

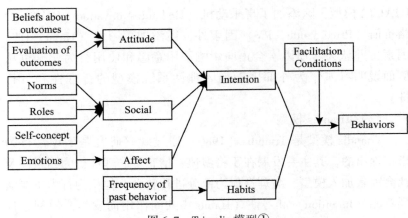

图 6.7 Triandis 模型①

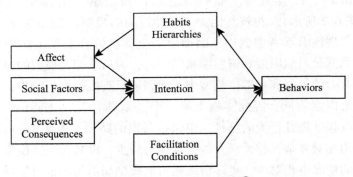

图 6.8 Triandis 修正模型②

（2010）在讨论虚拟世界中信息的收集和发布行为的研究中，主张习惯同时影响情感、信息收集行为和信息发布行为；在其 2006 年的研究中，则主张习惯影响情感并同时影响信息的收集和发布行为

---

① Darnton A, Verplanken B, White P, et al. Habits, Routines and Sustainable Lifestyles: A Summary Report to the Department for Environment, Food and Rural Affairs [R]. London: AD Research & Analysis for Defra, 2011: 1-56.

② Thompson R L, Higgins C A, Howell J M. Personal Computing: Toward a Conceptual Model of Utilization [J]. MIS Quarterly, 1991, 15 (1): 125-143.

（Li & Lai，2006），可见习惯的作用对于不同的研究问题特异性较大。Ikart & Ditsa（2004）整合技术接受模型和 Triandis 模型讨论信息系统使用时认为，习惯对感知易用性和感知有用性产生影响，但不直接作用于使用行为。

（4）技术接受模型（Technology Acceptance Model，TAM）

技术接受模型是 Davis（1989）于 1989 年提出的，目的是解释信息系统使用率低的问题。技术接受模型以理性行为理论为基础，但针对的行为并非全部理性行为，而是针对用户对信息技术接受的行为。如图 6.9 所示，相对于理性行为，技术接受模型的主要发展在于提出了两个主要的决定因素，感知有用性（Perceived usefulness，PU）和感知易用性（Perceived ease-of-use，PEOU）。感知有用性反映的是使用者相信使用一个信息系统能够提高其工作表现的程度，感知易用性反映的是使用者相信不费力就能使用一个信息技术系统的程度。① 技术接受模型在问世后即被广泛应用于信息技术系统接受的各类研究，由于其对外部变量的开放性以及稳定的结构，同样具有良好的扩展性。除了加入新的外部变量外，与其他相关模型的整合和深化修正也是重要的研究方向。1996 年，Venkatesh 和 Davis 在技术接受模型的基础上提出了简化的技术接受

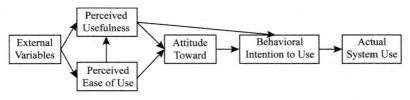

图 6.9 技术接受模型（TAM）②

---

① Davis F D. Perceived Usefulness, Perceived Ease of Use, and User Acceptance of Information Technology ［J］. MIS Quarterly, 1989, 13（3）: 319-340.

② Davis F D. Perceived Usefulness, Perceived Ease of use, and User Acceptance of Information Technology ［J］. MIS Quarterly, 1989, 13（3）: 319-340.

模型（Venkatesh & Davis，1996），更适合与其他模型整合；在 2000 年提出了以简化的技术接受模型为基础，加入多种外部变量的改进技术接受模型（TAM2）（Venkatesh & Davis，2000）（如图 6.10 所示）。除提高了模型的预测力外，也为技术接受模型与其他模型的整合研究提供了重要的基础和依据。

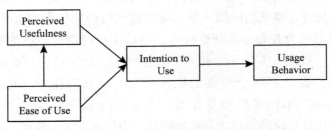

图 6.10　简化的技术接受模型（TAM2）①

6.2.1.3　主要影响因素及相关研究

　　基于上述对两种模式的分析和前文对多终端使用动机相关研究的介绍可以发现，经验性因素中对多终端使用行为产生影响的因素主要有习惯和冲动，二者的作用机制也体现在各类研究模型中。针对多终端使用行为，习惯因素的作用在于将特定的多终端使用行为变为习惯性行为，以减少此类行为发生时的认知资源消耗并提高行为的效率；而冲动因素作为情感或情绪的一部分，在多终端使用行为中起到的作用恰与习惯相对，促使使用者产生习惯保持以外的、非理性的多终端使用行为，如工作中无特定目的地使用手机等行为。因此以理性行为模式为基础，习惯作为"保护者"的角色试图维持特定的理性行为方式，而冲动则扮演"破坏者"的角色，试图打破这种既有的稳定行为机制，三者构成了一个相对稳定的动

116

---

　　① Venkatesh V，Davis F D. A Theoretical Extension of the Technology Acceptance Model：Four Longitudinal Field Studies［J］. Management Science，2000，46（2）：186-204.

态系统。除此之外，基于针对多终端环境和使用情境的论述，使用情境包含任务，对理性行为系统的执行起到了重要作用，使用者基于包含任务的使用情境的"模式"，① 判断如何进行多终端的使用。习惯、冲动、情境三方面因素对于本研究相关模型的建立非常重要，因此需要对相关研究进行分析和整理以对本研究模型的建立提供支持。

（1）与习惯因素相关的模型及研究

习惯因素除了作为独立变量经常被加入既有模型作为特定研究的理论补充外，也有研究主要针对习惯因素进行讨论。Carrillo（2014）在其博士论文中详细分析了既有模型中习惯因素的作用和既往研究中习惯因素的研究情况，在此基础之上提出了习惯技术匹配模型（Habit-Technology Fit Model②）以预测技术接受的行为。Chen & Chao（2011）在针对公共交通的使用意愿和行为的研究中整合了技术接受模型和计划行为理论，并将习惯作为独立变量，验证了习惯对态度和感知行为控制的影响。Bamberg & Schmidt（2003）以 Ajzen、Schwartz、Triandis 的研究为参照，研究了习惯作为独立变量对众多因素的影响，说明了特定研究对象下习惯在模型中的广泛影响和作用。如图 6.11 所示，在 Gefen（2003）的研究中，将习惯作为技术接受模型的前置变量，证明了习惯对感知易用性、感知有用性和使用意向的影响。在其他研究中，习惯因素也常作为调节变量被加入模型，对作为因变量的使用行为进行调节（Limayem 等，2007；Ng & Kim，2009；Agag & El-Masry，2016）。从上述研究中可以看出，习惯因素加入模型主要作为独立前置变量或调节变量，在不同研究背景下对各种因素都可能产生影响，且常对因变量产生直接影响，因此对于习惯因素的考虑需要结合特定研究的目的和对象。

117

---

① 为与"使用情境"等相近词汇区分以避免歧义，模型中将情境模式相关的因素命名为"情境因素"。

② Carrillo L S. Habits and Technology Fit：A Study of Technology Acceptance [D]．Melbourne：RMIT University，2014.

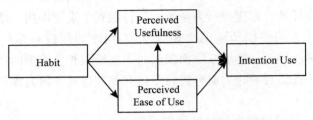

图 6.11　Gefen（2003）研究模型①

（2）与冲动因素相关的模型及研究

相较于其他因素，冲动因素较为特殊，由于其与心理机制的紧密联系，在与心理学相关的研究中作为独立因素被证明对多终端行为具有影响。宋玉婷等（2017a；2017b）的研究证明冲动性对媒体多任务行为有直接正向影响，且媒体多任务行为在冲动性和心理健康间存在中介作用。因此可以推断冲动作为情绪因素可以对多终端使用行为产生影响。

除前文所述 Triandis 模型的研究外，情感因素往往作为中介变量与其他模型整合，如 Heijden（2002）的研究中，情感因素是感知易用性和使用意愿的中介变量，起部分中介的作用。具体到本研究，情感因素对多终端使用行为的影响主要体现在冲动因素方面，对应"心血来潮"的多终端使用。Stern 等（2008）在关于在线拍卖行为的研究中将冲动作为风险感知和行为意向的中介变量，与 Heijden（2002）在相应研究中的处理相近。而 Zhang 等（2006）关于技术接受模型与冲动因素整合的研究中则将冲动作为独立的前置变量对意向产生影响。

（3）与情境因素相关的模型及研究

如前文所述，情境因素的界定非常复杂，研究者往往会根据各自研究的主题进行界定和说明，这也导致情境因素作为变量在模型

---

①　Gefen D. TAM or Just Plain Habit：A Look at Experienced Online Shoppers［J］. Journal of Organizational & End User Computing, 2003, 15（July）：1-13.

中的作用差异较大。一般情况下，情境因素是作为独立变量与模型整合的，且对其他因素的影响广泛。Mallat 等（2008）的研究中证明了使用情境（Use Context）作为独立变量能够影响使用意向；在2009 年的研究中，Mallat 等将使用情境作为中间变量加入模型，受到感知有用性和移动性的影响并影响使用意向。Liu & Li（2010）在关于中国移动网络扩散使用的研究中使用了与 Mallat 等 2008 年类似的模型结构，但使用情境对移动网络使用的影响未得到验证。Liu & Li（2011）以技术接受模型为基础模型探讨使用情境（Use Context）对中国移动游戏使用的影响，使用情境对感知易用性、感知愉悦、认知集中、态度、行为意向的影响都得到验证，但对感知可用性的影响未得到验证。Gan（2016）在使用情境对中国移动支付行为影响的研究中，同样以技术接受模型为基础模型，使用情境对感知易用性、感知可用性、行为意向的影响都得到了验证。

6.2.2　模型的选择和建立

以上述分析为基础，既有研究提出的模型和理论已部分验证了习惯、情绪（冲动）等因素对理性系统的影响，也在一定程度上证明了以理性系统为主的模式较双系统理论模式更为合理，因此本研究选择理性系统为主的模式作为结构模型建立的基础。

在具体模型的选择上，根据方针对常见理性行为模型和理论的核心变量的总结而得出的观点，不同模型尽管结构存在差异，但核心变量具有一定共性，如有用性知觉、易用性知觉、行为意向等，在不同模型中尽管名称有区别，但内涵趋于一致。① 考虑到核心变量的类型、模型的简洁性以及与 Triandis 模型、UTAUT2 模型涉及的习惯、情绪（冲动）等相关因素的整合性，选择以 Triandis 模型整合技术接受模型为基础，进行尝试性解释模型的建构，模型如图6.12 所示。

119

---

① 方针. 用户信息技术接受的影响因素模型与实证研究［D］. 上海：复旦大学，2005.

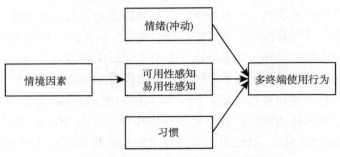

图 6.12　多终端使用行为理论模型

6.3　本章研究框架

　　本章主要探讨在使用行为层面，哪些因素如何影响了使用者的多终端使用行为，对应前文提出的问题 Q3。在对研究的相关理论进行整理推导的基础之上，建立理论模型，再通过问卷调查配合结构方程模型的方法对建立的理论模型进行验证，进而了解各因素间的影响关系和作用机制，形成具有解释力的预测模型。在问卷调查收集数据的基础上，主要采用结构方程模型（Structural Equation Model，SEM）进行研究分析。结构方程模型是 Jöreskog（1973）将因子分析和回归分析两种数据分析范式整合形成的量化研究的新范式，在他提出极大似然法（Maximum Likelihood Method）分析结构方程模型并发展出 LISREL 计算机程序辅助结构方程模型计算后，在社会科学研究领域结构方程模型的使用越来越多，由于结构方程模型方法能够对抽象的构念（construct）进行分析（邱皓政，2009），逐渐成为社会与行为科学量化研究中重要的范式（Byrne，1994）。Jöreskog（1973）所提出的协方差结构方程模型（Covariance-based SEM，CB-SEM）主要以协方差结构进行分析，除此种方法外，还有基于方差的结构方程模型（Variance-based SEM），其与协方差结构方程模型最大的区别在于使用偏最小二乘估计法（partial least squares，PLS）进行分析。PLS 是 Wold（1966）在 1960 年提出的针对计量经济学的分析方法，并在 1975

年提出了 PLS 路径模型（Wold，1975）。PLS 结构方程模型相对协方差结构方程模型的优点主要在于，对样本数量和残差分布的要求都较低（Ringle 等，2012），不需要数据服从正态分布且估计力更高（Hair 等，2014），从而与样本数据更接近（Chin 等，2003），不仅适合探索性研究（Henseler 等，2009），也能够进行因果关系验证的研究（Gefen 等，2011）。基于这些优点，PLS 结构方程模型在社会与行为科学研究领域受到了研究者的重视，相关研究论文数量越来越多（Urbach & Ahlemann，2010），并且仍在持续增长（Ringle 等，2012）。基于上述研究方法的特点，本书选择采用 PLS 结构方程模型方法进行本章的研究。选择的软件工具是 SmartPLS 3① 软件。

以邱皓政（2009）、萧文龙（2016）提出的结构方程研究的研究步骤为基础，本章主要对照图 6.13 中相应步骤展开：

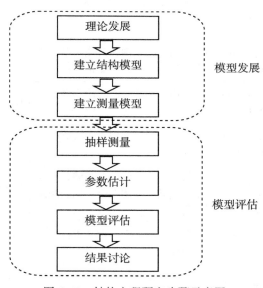

图 6.13 结构方程研究步骤示意图

---

① https：//www.smartpls.com/.

6.4 结构模型的建立

以第二章建立的尝试性解释模型为基础，结合上一章动机研究中习惯与便利动机（易用性）的关联，对变量进行定义并建立结构模型。

6.4.1 本章研究中变量的定义

以 Triandis 模型和技术接受模型为参考，加入习惯、冲动、情境因素变量，得到本章研究的变量及定义见表6.1。

表6.1 结构模型变量定义表

变 量 名	变 量 定 义	参 考 文 献
感知有用性（Perceived usefulness，PU）	使用者感知到同时使用多个终端能够满足使用需求的程度	Davis（1989）
感知易用性（Perceived ease-of-use，PEU）	使用者感知到同时使用多个终端是否容易的程度	Davis（1989）
行为意向（Behavioral Intention，BI）	使用者同时使用多个终端的主观意愿	Davis（1989）
习惯（Habit，HA）	使用者由于既往经验的影响而自发同时使用多个终端的倾向	Limayem 等（2007）
冲动（Impulse，IM）	使用者由于情绪的影响不经思考立即发生多终端使用行为的倾向	Stern 等（2008）
情境因素（Context，CO）	与多终端使用有关的空间、时间、任务性质等外部特征的集合	Dey 等（2001） Belk（1975）
多终端相关任务行为（Multi-device related tasks Behavior，MDRT）	使用者同时使用多个终端处理一个任务的行为	本研究

续表

变 量 名	变 量 定 义	参 考 文 献
多终端多任务行为 （Multi-device Multitasking Behavior，MDMT）	使用者同时使用多个终端处理 不同任务的行为	本研究

6.4.2 本章研究假设及结构模型

（1）在使用者的理性行为模式下，多终端相关任务行为和多终端多任务行为都受到理性行为系统的影响，即本研究中选择的基础模型技术接受模型，简化的技术接受模型对各类信息系统接受和使用行为的预测在诸多研究中得到过验证，在本研究中依然保持其基本结构，因此提出如下假设：

H1a：行为意向显著正向影响多终端相关任务行为。

H1b：行为意向显著正向影响多终端多任务行为。

H2：感知有用性显著正向影响行为意向。

H3a：感知易用性显著正向影响行为意向。

H3b：感知易用性显著正向影响感知有用性。

（2）前文已经介绍过习惯变量在模型中通常作为行为的前置变量或调节变量出现，在本研究的相关访谈和动机研究中都发现，习惯对多终端相关任务行为和多终端多任务行为的直接影响，因此对习惯因素的处理仍参照 Triandis 模型和 UTAUT2 模型，作为两类行为的前置变量，因此提出如下假设：

H4a：习惯显著正向影响多终端相关任务行为。

H4b：习惯显著正向影响多终端多任务行为。

如前文所述，Gefen（2004）在研究中验证了习惯对感知易用性、感知有用性和使用意向的影响。在本研究多终端使用动机部分的探索性因子分析中，则验证了习惯和易用性因素间存在一定关联。从本研究实际内容来看，多终端使用行为常为日常生活工作中琐碎、频发、重复性强的行为，因此感知易用性在一定程度上是系

123

统接受后得到强化的，在这些行为过程中习惯是可能对感知易用性产生影响的。但对于感知有用性和行为意向这些明确需要较强理性认知参与的因素，本研究认为习惯与二者不存在直接的显著影响，习惯是以感知易用性作为完全中介变量影响行为意向的，因此提出如下假设：

H4c：习惯显著正向影响感知易用性。

H4d：感知易用性在习惯对行为意向的影响中起完全中介作用。

（3）关于冲动对行为意向的影响，在 Zhang 等（2006）的研究中得到了验证，对于多终端使用行为而言，冲动是典型的非理性类因素，由于"一时兴起"影响使用的意向是合理的。且以宋玉婷等的相关研究为参照，本研究认为冲动也直接影响了特定的多终端使用行为，如"一时兴起就看一下微信"等常见的出于非理性的多终端多任务行为，这种行为意向在冲动对两类多终端使用行为的影响中起到了部分中介的作用，因此提出如下假设：

H5a：冲动显著正向影响多终端相关任务行为。

H5b：冲动显著正向影响多终端多任务行为。

H5c：冲动显著正向影响行为意向。

H5d：行为意向在冲动对多终端相关任务的影响中起部分中介作用。

H5e：行为意向在冲动对多终端多任务的影响中起部分中介作用。

（4）情境的定义在不同研究中差异巨大，包含的因素也各不相同，本章研究中确定的变量为"情境因素"而非"情境"，是因为本研究认同情境应包含任务特征及使用者对任务的认识，而非单纯的空间、时间等基础情景。因此在本章研究中情境因素强调日常生活情境下常见情境模式的因素的集合，侧重于人们在日常生活中对这些情景模式感知强度的倾向，而非各类情景单纯的组合。这些情境因素主要对理性系统产生影响，因此提出如下假设：

H6a：情境因素显著正向影响感知有用性。

H6b：情境因素显著正向影响感知易用性。

以上述确定的变量和假设为基础，建立多终端使用行为的结构方程模型（如图 6.14）。

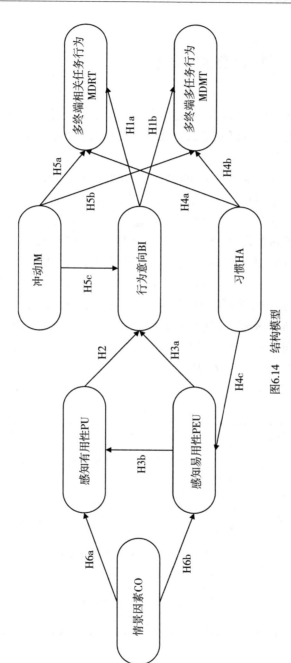

图6.14 结构模型

6.5 测量模型的建立

在建立结构模型后需要建立测量模型，以代表构面和对应指标变量的关系。本章研究的数据通过问卷调查获得，因此需要编制用于测量的问卷。

通过对既有研究文献的整理，初步拟定了 27 个问项用以测量结构模型中对应的 8 个潜变量，形成预测试问卷。通过社交媒体等网络社交形式发放预测试问卷，收回 51 份，由于使用了网络问卷的质量控制功能，所有问卷均有效，剔除其中填写时间过短和答案有明显矛盾的问卷后，获得有效问卷共 46 份。对收回问卷进行信度检验，问卷各构面信度良好。对有问题的问项进行修改并对特定构面添加问项后，请两位相关领域专家及 4 名博士、硕士同学审阅，评价问项和内容效度，根据提出的意见进行修改，得到正式问卷的基本问项。本章研究模型中变量的测量方法及参考来源（见表 6.2）：

表 6.2 测量模型问项

变量名	问题代号	题　项	参 考 文 献
感知易用性	PEU1	平时我能够熟练地同时使用多个终端	Davis 等（1989）Venkatesh & Davis（2000）
	PEU2	我能通过同时使用多个终端做我想做的事	
	PEU3	使用不同终端上的软件和应用对我来说是容易的	
	PEU4	学会同时使用多个终端查看资讯和信息对我来说是容易的	

续表

变量名	问题代号	题 项	参 考 文 献
感知 有用性	PU1	同时使用多个终端能够提高我工作学习的效率	Davis 等（1989） Venkatesh & Davis （2000）
	PU2	同时使用多个终端对我的工作学习是很有用的	
	PU3	同时使用多个终端能够改进我在工作学习上的表现	
	PU4	同时使用多个终端能让我更快地处理各种信息	
	PU5	同时使用多个终端可以使我获得更多资讯和信息	
行为意向	BI1	我愿意同时使用多个终端查看信息	Davis 等（1989） Venkatesh & Davis （2000）
	BI2	如有需要，我打算继续同时使用多个终端处理工作学习中的任务	
	BI2	我喜欢在看电视时使用手机、平板电脑等移动设备	
	BI4	拥有多个终端时，我倾向同时使用它们以提高效率	
多终端 相关任务 行为	MDRT1	我经常同时使用多个终端完成有关联的任务	本研究
	MDRT2	我喜欢将多个终端配合使用完成一个任务	
	MDRT3	我经常多个终端同时使用，以解决特定的问题	

续表

变量名	问题代号	题 项	参 考 文 献
多终端多任务行为	MDMT1	使用电脑工作学习时，我会同时用手机处理个人事务	本研究
	MDMT2	电视节目不精彩时，我会使用手机、平板电脑查看更有趣的内容	
	MDMT3	使用电脑或看电视时，我经常同时在手机上使用社交媒体应用	
习惯	HA1	我经常是出于习惯而同时使用多个终端的	Gefen（2003）Limayem 等（2007）
	HA2	同时使用多个终端对我而言非常自然	
	HA3	我同时使用多个终端经常是不假思索的	
	HA4	即使知道会分散注意力，我还是会下意识地同时使用多个终端	
冲动	IM1	有时我会不由自主地同时使用多个终端	Stern 等（2008）
	IM2	我同时使用多个终端经常是无计划性的	
	IM3	我对如何同时使用多个终端不会深思熟虑	
情境因素	CO1	在看电视、使用电脑时，我会查看手机上微信、微博等应用的新消息	Mallat 等（2009）Gan（2016）
	CO2	在看电视时，我会在手机、平板电脑上查找与观看内容相关的信息	
	CO3	在手机上不方便进行的任务我会转而在电脑上进行	
	CO4	当我在电脑上工作学习时，我会使用手机与他人交流相关的问题	

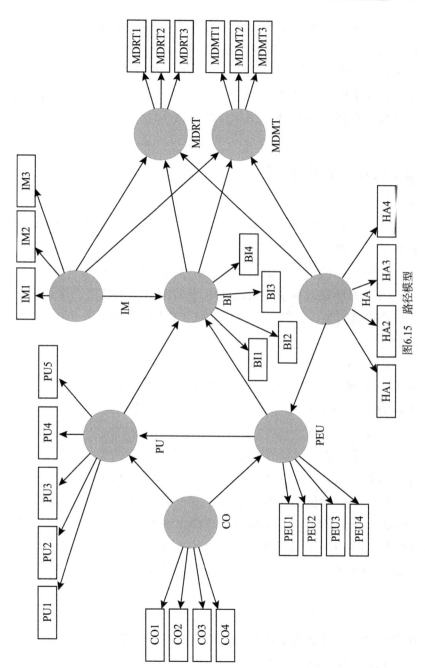

图6.15　路径模型

在 PLS 结构方程模型中指标变量与潜变量的关系包括两种，反映性模式（Reflective）和形成性模式（Formative），在 PLS-SEM 中两类模式均可以进行处理，因此实际操作中需要严格区分两类模式，本章研究中所有构面均为反映性模式。将变量的测量方式与结构模型结合，得到如图 6.15 可供操作的路径模型。

6.6 数据采集

以上述问项为正式问卷的主体形成正式问卷。正式问卷主要包含以下几个部分：

（1）人口统计学变量，主要包括性别、年龄、受教育程度。

（2）多终端基本使用情况，矩阵多选题，主要调查受访者各类终端的拥有情况，调查目的在于筛选非多终端使用者并剔除错误问卷。

（3）各构面的测量题项，问卷的主体部分，如上文所述共30 题，均采用 5 点李克特量表进行测量，受访者需要在"非常不同意""不同意""不确定""同意""非常同意"五个选项中选择一个。

样本量方面，结构方程模型研究通常有一定的要求，尽管 PLS 结构方程模型对样本量的要求较为宽容，但为了保证研究的可迁移性和后续研究验证的可能，仍参照相对高的样本量要求。Loehlin（1992）通过蒙特卡罗模拟后发现样本量至少需要 100 个，达到200 个更好。Gefen 等（2011）则认为样本量至少应大于问项总数，最好达到问项总数的 10 以上。基于这些标准本章研究需要至少300 个有效样本。

问卷的发放主要为线上发放和线下发放两种形式，抽样方法为滚雪球抽样，受访者需明确自己在日常生活中有多终端使用的经历。问卷以网络问卷形式生成，线上发放主要通过社交媒体、邮箱等形式发放；线下发放并不使用纸质问卷，而是使用平板电脑供受访者填写问卷。最终共回收问卷437份，由于网络问卷使用了质量控制功能，所有问卷均有效。对问卷进行初步检查，剔除未成年群体、填写时间过短、有明显矛盾答案的样本后，最终获得有效样本417个，符合进行结构方程研究的样本量要求。受访者基本情况见表6.3。

表 6.3 受访者基本情况

		数量	百分比
性别	男	163	39.1
	女	254	60.9
年龄	18~25 岁	285	68.3
	26~30 岁	47	11.3
	31~40 岁	71	17.0
	41~50 岁	11	2.6
	50 岁以上	3	0.7
教育程度	高中及以下	6	1.4
	大专	27	6.5
	本科	315	75.5
	硕士	58	13.9
	博士	11	2.6

对回收数据进行初步检查，主要针对缺失值的情况和指标变量是否呈正态分布。由于使用网络问卷的质量控制功能且进行了问题问卷的剔除，现有样本不存在缺失值的问题。正态分布的检验主要通过数据的偏度和峰度来判断，在95%置信区间下偏度和峰度的值在正负1.96间则接受正态分布，由表6.4数据可知所有问项的偏度和峰度都符合临界值要求，因此接受正态分布。

表 6.4   指标变量描述性统计

	最小值	最大值	平均值	标准差	偏度	峰度
PEU1	1	5	4.180	1	−1.081	0.588
PEU2	1	5	4.170	0.942	−0.936	0.280
PEU3	1	5	4.090	0.968	−0.77	−0.262
PEU4	1	5	4.160	0.925	−0.91	0.249
PU1	1	5	4.000	1.004	−0.655	−0.463
PU2	1	5	3.970	1.016	−0.651	−0.320
PU3	1	5	3.910	0.987	−0.445	−0.662
PU4	2	5	4.160	0.878	−0.709	−0.456
PU5	1	5	4.220	0.902	−1.028	0.590
BI1	1	5	4.050	0.979	−0.832	0.145
BI2	1	5	4.110	0.919	−0.715	−0.118
BI3	1	5	4.080	1.053	−1.109	0.735
BI4	1	5	3.960	1.030	−0.736	−0.066
MDRT1	1	5	3.920	1.021	−0.554	−0.629
MDRT2	1	5	3.880	1.007	−0.438	−0.712
MDRT3	1	5	3.940	0.992	−0.577	−0.489
MDMT1	1	5	4.340	0.777	−0.941	0.329
MDMT2	2	5	4.470	0.727	−1.110	0.185
MDMT3	1	5	4.380	0.824	−1.332	1.583
HA1	1	5	4.010	1.011	−0.744	−0.213
HA2	1	5	4.140	0.921	−0.830	0.024
HA3	1	5	4.000	0.978	−0.645	−0.446
HA4	1	5	4.050	1.011	−0.850	−0.039
IM1	1	5	4.050	0.971	−0.878	0.302
IM2	1	5	3.820	1.090	−0.599	−0.432
IM3	1	5	3.830	1.057	−0.612	−0.304
CO1	1	5	4.330	0.824	−1.048	0.420

续表

	最小值	最大值	平均值	标准差	偏度	峰度
CO2	1	5	4.200	0.876	-0.964	0.633
CO3	2	5	4.410	0.770	-1.138	0.562
CO4	2	5	4.350	0.808	-0.979	-0.023

6.7　模型分析与评估

6.7.1　测量模型结果评估

对反映性模式测量模型的评估主要需评估其内部一致性信度和效度（Hair 等，2014）。下面根据 SmartPLS 软件运算得到的相关参数结果进行评估。

6.7.1.1　信度评估

对信度的评估主要评估内部一致性信度（Internal Consistency Reliability），参考指标为 Cronbach α 系数。在 PLS 结构方程中通常优先对指标变量各自的信度进行考虑，这需要对组合信度（Composite Reliability，CR）进行评估。内部一致性 Cronbach α 系数的评估参考值通常建议探索性研究大于等于 0.6，验证性研究需大于等于 0.7（Götz 等，2009；Latan & Ghozali，2015）。表 6.5 显示 Cronbach α 系数均大于 0.8，部分大于 0.9，表示具有非常好的内部一致性。组合信度 CR 值的评估参考值通常建议探索性研究大于等于 0.6，验证性研究大于等于 0.7（Bagozzi & Yi，1988；Latan & Ghozali，2015）。表中显示 CR 值除行为意向构面为 0.898 外，其他均在 0.9 以上，说明具有非常好的组合信度。

133

表 6.5　测量模型的因素负荷量、CR、AVE、Cronbach α 参数

变量	指标	因素负荷量	CR	AVE	Cronbach's α
BI	BI1	0.866	0.898	0.690	0.848
	BI2	0.892			
	BI3	0.708			
	BI4	0.844			
CO	CO1	0.882	0.900	0.692	0.851
	CO2	0.773			
	CO3	0.825			
	CO4	0.843			
HA	HA1	0.880	0.918	0.737	0.879
	HA2	0.903			
	HA3	0.893			
	HA4	0.751			
IM	IM1	0.871	0.900	0.751	0.839
	IM2	0.865			
	IM3	0.864			
MDMT	MDMT1	0.872	0.916	0.783	0.862
	MDMT2	0.892			
	MDMT3	0.892			
MDRT	MDRT1	0.896	0.927	0.809	0.882
	MDRT2	0.899			
	MDRT3	0.903			
PEU	PEU1	0.859	0.939	0.793	0.913
	PEU2	0.870			
	PEU3	0.910			
	PEU4	0.921			
PU	PU1	0.894	0.948	0.785	0.931
	PU2	0.909			
	PU3	0.925			
	PU4	0.867			
	PU5	0.830			

6.7.1.2 效度评估

效度的评估主要分为两个方面,聚合效度(Convergent Validity)和辨别效度(Discriminant Validity)。聚合效度是指运用不同方法测量同一特征或构念时结果的相似程度,即不同测量方式应在相同特征的测定中聚合在一起(王重鸣,2001)。评估指标为平均方差提取值(Average Variance Extracted,AVE),评估标准的临界值为 0.5,即 AVE 值高于 0.5 即表明具有聚合效度(Chin,2010)。根据上表可以看出所有构面的 AVE 值均大于 0.6,说明具有良好的聚合效度。辨别效度是指使用相同方法测量不同特征或构面时,辨别不同特征的程度,即不同特征的测量结果之间不应有高相关(王重鸣,2001)。对辨别效度的评估,首先需要考察变量的交叉负荷(cross loading)。一个指标变量对其所在构面的因素负荷量应大于其他构面。从表 6.6 可以看出各指标变量最高的因素负荷均出现在所属的构面。

表 6.6 指标变量的交叉负荷表

	BI	CO	HA	IM	MDMT	MDRT	PEU	PU
BI1	**0.866**	0.44	0.512	0.298	0.475	0.659	0.535	0.714
BI2	**0.892**	0.524	0.567	0.382	0.568	0.678	0.564	0.728
BI3	**0.708**	0.459	0.547	0.413	0.561	0.453	0.363	0.438
BI4	**0.844**	0.389	0.527	0.342	0.455	0.697	0.433	0.585
CO1	0.543	**0.882**	0.600	0.500	0.711	0.481	0.481	0.468
CO2	0.432	**0.773**	0.519	0.500	0.568	0.45	0.404	0.399
CO3	0.417	**0.825**	0.470	0.383	0.587	0.429	0.559	0.482
CO4	0.418	**0.843**	0.498	0.417	0.666	0.381	0.397	0.427
HA1	0.601	0.502	**0.88**	0.554	0.537	0.570	0.452	0.478
HA2	0.611	0.562	**0.903**	0.551	0.554	0.637	0.614	0.559
HA3	0.545	0.520	**0.893**	0.621	0.464	0.536	0.497	0.481

	BI	CO	HA	IM	MDMT	MDRT	PEU	PU
HA4	0. 445	0. 566	**0. 751**	0. 712	0. 545	0. 453	0. 456	0. 407
IM1	0. 459	0. 540	0. 754	**0. 871**	0. 517	0. 464	0. 446	0. 381
IM2	0. 294	0. 416	0. 498	**0. 865**	0. 393	0. 284	0. 279	0. 212
IM3	0. 317	0. 410	0. 516	**0. 864**	0. 374	0. 336	0. 296	0. 223
MDMT1	0. 547	0. 666	0. 530	0. 469	**0. 872**	0. 510	0. 506	0. 501
MDMT2	0. 542	0. 720	0. 539	0. 435	**0. 892**	0. 482	0. 477	0. 492
MDMT3	0. 546	0. 635	0. 556	0. 441	**0. 892**	0. 443	0. 398	0. 441
MDRT1	0. 711	0. 456	0. 574	0. 393	0. 49	**0. 896**	0. 570	0. 602
MDRT2	0. 662	0. 45	0. 558	0. 375	0. 479	**0. 899**	0. 473	0. 586
MDRT3	0. 664	0. 508	0. 607	0. 398	0. 489	**0. 903**	0. 580	0. 621
PEU1	0. 473	0. 463	0. 505	0. 323	0. 445	0. 505	**0. 859**	0. 527
PEU2	0. 560	0. 560	0. 533	0. 381	0. 471	0. 561	**0. 870**	0. 599
PEU3	0. 510	0. 458	0. 525	0. 370	0. 456	0. 540	**0. 910**	0. 538
PEU4	0. 507	0. 51	0. 547	0. 374	0. 478	0. 536	**0. 921**	0. 610
PU1	0. 639	0. 438	0. 479	0. 256	0. 413	0. 567	0. 552	**0. 894**
PU2	0. 663	0. 454	0. 516	0. 276	0. 425	0. 608	0. 547	**0. 909**
PU3	0. 681	0. 448	0. 498	0. 275	0. 449	0. 609	0. 555	**0. 925**
PU4	0. 646	0. 513	0. 526	0. 357	0. 558	0. 602	0. 629	**0. 867**
PU5	0. 697	0. 518	0. 478	0. 290	0. 536	0. 578	0. 548	**0. 830**

其次，还需考虑 Fornell-Larcker 准则。Fornell-Larcker 准则主要考察的是各构面 AVE 值开根号后和各构面相关系数的大小，AVE 值开根号后大于各构面的相关系数即认为其具有辨别效度。由表 6.7 可以看出各构面 AVE 值开根号后均为各行各列的最大值，符合 Fornell-Larcker 准则的要求。

表 6.7　　　　　　　　指标变量的 **Fornell-Larcker** 结果表

	BI	CO	HA	IM	MDMT	MDRT	PEU	PU
BI	**0.831**							
CO	0.545	**0.832**						
HA	0.645	0.626	**0.859**					
IM	0.427	0.537	0.704	**0.867**				
MDMT	0.616	0.761	0.612	0.507	**0.885**			
MDRT	0.755	0.524	0.645	0.432	0.540	**0.899**		
PEU	0.577	0.561	0.593	0.408	0.520	0.602	**0.891**	
PU	0.752	0.537	0.565	0.329	0.540	0.670	0.641	**0.886**

综合两项指标的考察，说明本章研究的各构面具有良好的辨别效度。

6.7.2　结构模型结果评估

在对测量模型的信度和效度进行检验后可以对结构模型分析结果进行评估。结构模型分析结果中需要评估的参数和步骤参照 Hair 等（2014）的介绍，依次对共线性、路径系数显著性、决定系数、效应量、模型拟合度以及中介效应进行评估。

6.7.2.1　共线性检验

在结构方程模型中，因素之间如果存在共线性（collinearity）问题会导致路径系数的估计出现偏差，影响模型分析的准确性。在 PLS 结构方程模型中通过方差膨胀因子（variance inflation factor, VIF）的数值判断是否存在何种程度的共线性问题。常见的观点是，方差膨胀因子的判定值小于 5（Hair & Sarstedt, 2011；Latan & Ghozali, 2015）即可判断不存在共线性问题。Diamantopoulos & Siguaw（2006）则认为 VIF 值大于 0 小于 10 时不存在共线性问题，大于等于 10 小于等于 100 时存在共线性问题，大于等于 100 时则存在严重多重共线性问题。从表6.8、表6.9可以看出各构面内部VIF值和外部VIF值均小于5,可以判断不存在共线性问题。

表 6.8   各构面内部 VIF 值

	BI	CO	HA	IM	MDMT	MDRT	PEU	PU
BI					1.716	1.716		
CO							1.644	1.460
HA					2.783	2.783	1.644	
IM	1.211				1.988	1.988		
MDMT								
MDRT								
PEU	1.830							1.460
PU	1.712							

表 6.9   各构面外部 VIF 值

	VIF
BI1	2.623
BI2	2.779
BI3	1.471
BI4	2.043
CO1	2.552
CO2	1.736
CO3	1.768
CO4	2.207
HA1	2.959
HA2	3.006
HA3	2.908
HA4	1.599

续表

	VIF
IM1	1. 631
IM2	2. 427
IM3	2. 384
MDMT1	2. 016
MDMT2	2. 336
MDMT3	2. 31
MDRT1	2. 345
MDRT2	2. 518
MDRT3	2. 558
PEU1	2. 406
PEU2	2. 353
PEU3	3. 803
PEU4	4. 095
PU1	4. 419
PU2	4. 990
PU3	4. 694
PU4	2. 751
PU5	2. 354

6.7.2.2 路径系数评估

模型的分析使用 SmartPLS 3.2.7，将样本数据导入软件并在软件中的图形界面绘制路径模型，按照假设确定各个构面的关系并用连线表示。使用软件中提供的"PLS 算法"以最大迭代 300 次、停止标准为 7 的标准进行运算。这两项标准的含义是 PLS 计算会在迭代 300 次或前后两次外生权重的计算结果小于 10^{-7} 时停止。软件运算后得到如图 6.16 所示的路径模型。

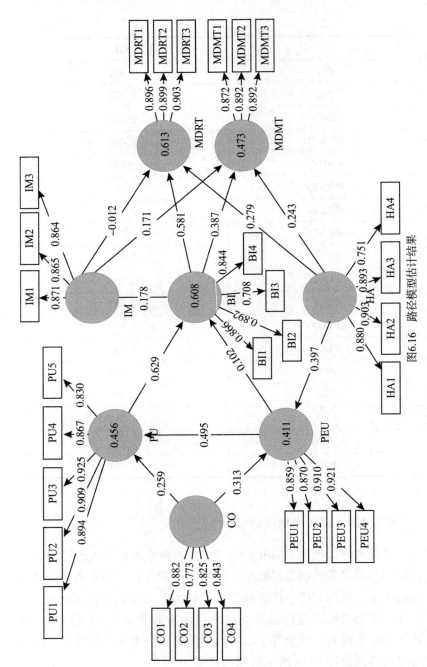

图6.16　路径模型估计结果

PLS 结构方程对路径系数显著性的检测主要通过拔靴法（Bootstrapping）实现，这主要是由于 PLS 结构方程没有对数据正态分布的假设要求，因而不适用于常见的回归分析中的显著性检验。拔靴法由 Efron 在 1979 年提出，其基本概念是对数据进行真实数据的重复抽样以替代先前的样本，通常情况下拔靴法得到的结果比极大似然法精确，因而在实证研究中越来越受到重视（周心怡，2004）。在 SmartPLS 软件中已提供拔靴法的功能，并可设定拔靴样本值，SmartPLS 通常默认值为 500，但应用于正式研究，建议为 5000（萧文龙，2016）。通过拔靴法的计算可以估计系数的标准差，进而得出 t 值。t 值是检验变量间因果关系是否达到显著水平的主要依据，因此以 t 值来检验假设。t 值的参考标准是当 t 值小于 1.96 时表示不显著；大于 1.96 时表示达到 α 值为 0.05 的显著水平；大于 2.58 时表示达到 α 值为 0.01 的显著水平；大于 3.29 时表示达到 α 值为 0.001 的显著水平（萧文龙，2016）。在 SmartPLS 3.2.7 软件中进行拔靴法运算，子样本为 5000，结果见表 6.10，感知易用性（PEU）对行为意向（BI）、冲动（IM）对多终端相关任务行为（MDRT）两条路径系数不显著，假设 H3a、H5a 被拒绝，除需后续讨论的三组中介效应外，其他 11 个假设均得到验证。

6.7.2.3 决定系数

在 PLS 结构方程模型中，决定系数是指一个内生变量被它的前置变量解释的比例的测量（Hair 等，2014），测量的结果用 R^2 表示，可以表征模型预测效果的精确度。R^2 值在 0 至 1 之间，数值越高意味着预测精确度越高，但在不同领域研究中 R^2 值的标准不同，如对于消费者行为研究而言，0.20 已经可以接受，但在消费者满意度等研究中，研究者追求 0.75 甚至更高的 R^2 值。通常针对不同研究需要根据经验判断 R^2 值代表的研究结果，在市场问题领域，R^2 值为 0.75、0.50、0.25 时分别对应实质性的、中等、较弱的解释精确度（Hair 等，2014）。

本章研究结构模型内生变量的 R^2 值见表 6.10，内生变量的 R^2 值均在 0.4~0.7，可以推断即便从市场问题领域 R^2 值标准来看，内生变量的解释精确度依然良好。

141

142

表 6.10　结构模型路径系数显著性检验结果

假设	影响关系	路径系数	标准差	t	P	R^2	f^2	Q^2	q^2	检验结果
H5c	IM -> BI	0.178	0.038	4.633	0.000		0.067		0.026	支持
H3a	PEU -> BI	0.102	0.055	1.839	0.066	0.608	0.014	0.392	0.005	拒绝
H2	PU -> BI	0.629	0.049	12.944	0.000		0.588		0.245	支持
H1b	BI ->MDMT	0.387	0.052	7.432	0.000		0.165		0.100	支持
H4b	HA -> MDMT	0.243	0.064	3.788	0.000	0.473	0.040	0.350	0.023	支持
H5b	IM -> MDMT	0.171	0.051	3.343	0.001		0.028		0.023	支持
H1a	BI -> MDRT	0.581	0.049	11.941	0.000		0.507		0.278	支持
H4a	HA -> MDRT	0.279	0.062	4.498	0.000	0.613	0.072	0.467	0.038	支持
H5a	IM -> MDRT	-0.012	0.047	0.251	0.802		0.000		-0.004	拒绝
H6b	CO -> PEU	0.313	0.056	5.600	0.000		0.101		0.062	支持
H4c	HA -> PEU	0.397	0.059	6.735	0.000	0.411	0.163	0.305	0.104	支持
H6a	CO -> PU	0.259	0.054	4.770	0.000		0.085		0.049	支持
H3b	PEU -> PU	0.495	0.059	8.442	0.000	0.456	0.309	0.332	0.184	支持

6.7.2.4 效应量 f²

效应量 f²（Effect Size f²）是通过计算模型中去掉一个外生变量后 R²值的变量来检验外生变量对内生变量解释的贡献值（Hair等，2014），计算如下：

$$f^2 = \frac{R^2_{included} - R^2_{excluded}}{1 - R^2_{included}}$$

公式中 $R^2_{included}$ 和 $R^2_{excluded}$ 分别是包含和去掉某个外生变量时的 R^2 值。判断 f^2 值的标准通常是 0.02、0.15、0.35 分别对应较小的、中等的、较大的影响（Cohen，1988）。

根据表 6.10 所示结果，可以得到本章研究结构模型中各潜变量间的 f^2 值对代表的影响如下：

（1）行为意向（BI）对多终端相关任务行为（MDRT）的 f^2 值为 0.507，大于 0.35，表明行为意向（BI）对多终端相关任务行为（MDRT）有较大影响。

（2）行为意向（BI）对多终端多任务行为（MDMT）的 f^2 值为 0.165，大于 0.15，小于 0.35，表明行为意向（BI）对多终端多任务行为（MDMT）有中等影响。

（3）感知有用性（PU）对行为意向（BI）的 f^2 值为 0.588，大于 0.35，表明感知有用性（PU）对行为意向（BI）有较大影响。

（4）感知易用性（PEU）对行为意向（BI）的 f^2 值为 0.014，小于 0.02，表明感知易用性（PEU）对行为意向（BI）不存在影响。

（5）感知易用性（PEU）对感知有用性（PU）的 f^2 值为 0.309，大于 0.15，小于 0.35，表明感知易用性（PEU）对感知有用性（PU）有中等影响。

（6）习惯（HA）对多终端相关任务行为（MDRT）的 f^2 值为 0.072，大于 0.02，小于 0.15，表明习惯（HA）对多终端相关任务行为（MDRT）有较小影响。

（7）习惯（HA）对多终端多任务行为（MDMT）的 f^2 值为

0.040，大于0.02，小于0.15，表明习惯（HA）对多终端多任务行为（MDMT）有较小影响。

（8）习惯（HA）对感知易用性（PEU）的 f^2 值为0.163，大于0.15，小于0.35，表明习惯（HA）对感知易用性（PEU）有中等影响。

（9）冲动（IM）对多终端相关任务行为（MDRT）的 f^2 值为0.000，小于0.02，表明冲动（IM）对多终端相关任务行为（MDRT）不存在影响。

（10）冲动（IM）对多终端多任务行为（MDMT）的 f^2 值为0.028，大于0.02，小于0.15，表明冲动（IM）对多终端多任务行为（MDMT）有较小影响。

（11）冲动（IM）对行为意向（BI）的 f^2 值为0.067，大于0.02，小于0.15，表明冲动（IM）对行为意向（BI）有较小影响。

（12）情境因素（CO）对感知有用性（PU）的 f^2 值为0.085，大于0.02，小于0.15，表明情境因素（CO）对感知有用性（PU）有较小影响。

（13）情境因素（CO）对感知易用性（PEU）的 f^2 值为0.101，大于0.02，小于0.15，表明情境因素（CO）对感知有用性（PEU）有较小影响。

6.7.2.5　预测相关性

在 PLS 结构方程模型中，预测相关性（Predictive Relevance）指的是外生潜变量对内生潜变量的解释程度，通常使用 Stone-Geisser's 检验实现，用 Q^2 值代表，在 SmartPLS 软件中通过蒙眼法（blindfolding）进行计算。其基本过程是将数据分为不能被样本数整除几组（Ringle 等，2015）（SmartPLS 默认值设为7），每次去掉一组进行模型估计，得出的模型预测各内生变量的观测变量，再用没有参与估计的一组数据来判断模型的预测效果（蒋妍、马景义，2006）。Q^2 值的判断规则是大于0即表示具有预测能力，越趋近于1预测能力越强（Hair 等，2014）。本章研究结构模型各内生变量

的 Q^2 见表 6.10 所示, 各内生潜变量对应的 Q^2 值均大于 0, 可以判断模型具有一定的预测能力。

6.7.2.6 效应量 q^2

与效应量 f^2 的原理相似, 考察结构模型中各潜变量之间的预测相关性需要使用效应量 q^2（Effect Size q^2）, 其计算公式如下:

$$q^2 = \frac{Q^2_{included} - Q^2_{excluded}}{1 - Q^2_{included}}$$

公式中 $Q^2_{included}$ 和 $Q^2_{excluded}$ 分别是包含和去掉某个外生变量时的 Q^2 值。判断 q^2 值的标准通常是 0.02、0.15、0.35 分别对应较小的、中等的、较大的预测相关性（Hair 等, 2014）。由于 SmartPLS 软件并不包含 q^2 值的计算, 需要按照上述公式手算, 具体结果见表 6.10, 可以得到如下结论:

（1）行为意向（BI）对多终端相关任务行为（MDRT）的 q^2 值为 0.278, 大于 0.15, 小于 0.35, 表明行为意向（BI）对多终端相关任务行为（MDRT）有中等的预测相关性。

（2）行为意向（BI）对多终端多任务行为（MDMT）的 q^2 值为 0.100, 大于 0.02, 小于 0.15, 表明行为意向（BI）对多终端多任务行为（MDMT）有较小的预测相关性。

（3）感知有用性（PU）对行为意向（BI）的 q^2 值为 0.245, 大于 0.15, 小于 0.35, 表明感知有用性（PU）对行为意向（BI）有中等的预测相关性。

（4）感知易用性（PEU）对行为意向（BI）的 q^2 值为 0.005, 小于 0.02, 表明感知易用性（PEU）对行为意向（BI）不存在预测相关性。

（5）感知易用性（PEU）对感知有用性（PU）的 q^2 值为 0.184, 大于 0.15, 小于 0.35, 表明感知易用性（PEU）对感知有用性（PU）有中等的预测相关性。

（6）习惯（HA）对多终端相关任务行为（MDRT）的 q^2 值为 0.038, 大于 0.02, 小于 0.15, 表明习惯（HA）对多终端相关任务行为（MDRT）有较小的预测相关性。

（7）习惯（HA）对多终端多任务行为（MDMT）的 q^2 值为 0.023，大于 0.02，小于 0.15，表明习惯（HA）对多终端多任务行为（MDMT）有较小的预测相关性。

（8）习惯（HA）对感知易用性（PEU）的 q^2 值为 0.104，大于 0.02，小于 0.15，表明习惯（HA）对感知易用性（PEU）有较小的预测相关性。

（9）冲动（IM）对多终端相关任务行为（MDRT）的 q^2 值为 -0.004，小于 0.02，表明冲动（IM）对多终端相关任务行为（MDRT）不存在预测相关性。

（10）冲动（IM）对多终端多任务行为（MDMT）的 q^2 值为 0.023，大于 0.02，小于 0.15，表明冲动（IM）对多终端多任务行为（MDMT）有较小的预测相关性。

（11）冲动（IM）对行为意向（BI）的 q^2 值为 0.026，大于 0.02，小于 0.15，表明冲动（IM）对行为意向（BI）有较小的预测相关性。

（12）情境因素（CO）对感知有用性（PU）的 q^2 值为 0.049，大于 0.02，小于 0.15，表明情境因素（CO）对感知有用性（PU）有较小的预测相关性。

（13）情境因素（CO）对感知易用性（PEU）的 q^2 值为 0.062，大于 0.02，小于 0.15，表明情境因素（CO）对感知有用性（PEU）有较小的预测相关性。

6.7.2.7　中介效应检验

对于假设中涉及的三组中介效应假设 H4d、H5d、H5e 需要进行中介效应检验。中介效应的检验方法较多，不同方法合理性的争议也较大，本研究选择萧文龙（2016）提出的适用于 PLS 中介效应的检验方法，通过考察方差解释间接效应占总效应的比例，即用 VAF（variance account for）来检验中介效应。以图 6.17 所示中介结构为例，检验主要分为三步：

（1）以 X_1 预测 Y_3，得到回归系数 P_{13}，若 P_{13} 显著则进行第二步，若不显著则停止中介效应分析。

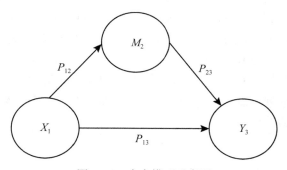

图 6.17　中介模型示意图

（2）以 X_1 预测 M_2、以 M_2 预测 Y_3，得到回归系数 P_{12}、P_{23}，二者若都达到显著则进行第三步，若不显著则停止中介效应分析。

（3）以图 6.17 中模式执行完整中介模式分析，得到回归系数 P_{12}、P_{23}、P_{13}，按公式计算得到 VAF。具体公式如下：

$$VAF = \frac{P_{12} \times P_{23}}{P_{12} \times P_{23} + P_{13}} \times 100\%$$

VAF 结果检验的标准是 VAF 小于 20% 表示没有中介效应；VAF 大于等于 20% 小于等于 80% 表示存在部分中介效应；VAF 大于 80% 表示中介变量为完全中介（萧文龙，2016）。

H4d、H5d 两个假设由于在结构模型的路径分析中路径系数显著性未达显著，因此终止中介效应检验，拒绝相关假设。对 H5e 即行为意向在冲动对多终端多任务的影响中起部分中介作用的假设按照上述步骤进行中介效应检验，得到 VAF 为 28.75%，大于 20% 小于 80%，表明具有部分中介效应，假设 H5e 得到验证。

6.7.2.8　模型拟合度

PLS 结构方程模型与协方差结构方程模型的模型拟合度判断指标有一定差异，由于拟合优度（Goodness of Fit，GoF）被认为不适于判断 PLS 结构方程模型的拟合度（Hair 等，2014），SmartPLS 3.2.7 提供 SRMR（Standardized Root Mean Square Residual）指标判断 PLS 结构方程模型的拟合度，使用 SRMR 可以减少 PLS 结构方程模型的误识别（Henseler 等，2014）。SRMR 值的判断标准是小于 0.1，保守情况下小于 0.08 即表示模型具有良好的拟合度（Henseler 等，2014；萧文龙，2016）。本章研究结构方程模型 SRMR 值为 0.065，小于 0.08，表明即使在保守情况下本章研究的结构方程模型仍具有良好的拟合度，能够较好地解释多终端使用行为的影响因素。

6.8　本章主要研究结果与讨论

6.8.1　主要研究结果小结

综合上述模型检验结果，对主要研究结果进行总结。研究假设验证结果和变量间预测效果见表 6.11、表 6.12。图 6.18 中主要呈现信息为路径系数及显著性、内生变量解释力 R^2 值。

表 6.11　　多终端使用行为影响因素研究假设验证结果

假　设　内　容	结果
H1a：行为意向显著正向影响多终端相关任务行为	支持
H1b：行为意向显著正向影响多终端多任务行为	支持
H2：感知有用性显著正向影响行为意向	支持
H3a：感知易用性显著正向影响行为意向	拒绝
H3b：感知易用性显著正向影响感知有用性	支持
H4a：习惯显著正向影响多终端相关任务行为	支持
H4b：习惯显著正向影响多终端多任务行为	支持
H4c：习惯显著正向影响感知易用性	支持

续表

假　设　内　容	结具
H4d：感知易用性在习惯对行为意向的影响中起完全中介作用	拒绝
H5a：冲动显著正向影响多终端相关任务行为	拒绝
H5b：冲动显著正向影响多终端多任务行为	支持
H5c：冲动显著正向影响行为意向	支持
H5d：行为意向在冲动对多终端相关任务行为的影响中起部分中介作用	拒绝
H5e：行为意向在冲动对多终端多任务行为的影响中起部分中介作用	支持
H6a：情境因素显著正向影响感知有用性	支持
H6b：情境因素显著正向影响感知易用性	支持

表 6.12　各内外生潜变量之间影响大小与预测相关性结果

变　量　关　系	影响大小	预测相关性
行为意向（BI）对多终端相关任务行为（MDRT）	较大	中等
行为意向（BI）对多终端多任务行为（MDMT）	中等	较小
感知有用性（PU）对行为意向（BI）	较大	中等
感知易用性（PEU）对行为意向（BI）	不存在	不存在
感知易用性（PEU）感知有用性（PU）	中等	中等
习惯（HA）对多终端相关任务行为（MDRT）	较小	较小
习惯（HA）对多终端多任务行为（MDMT）	较小	较小
习惯（HA）对感知易用性（PEU）	中等	较小
冲动（IM）对多终端相关任务行为（MDRT）	不存在	不存在
冲动（IM）对多终端多任务行为（MDMT）	较小	较小
冲动（IM）对行为意向（BI）	较小	较小
情境因素（CO）对感知有用性（PU）	较小	较小
情境因素（CO）对感知易用性（PEU）	较小	较小

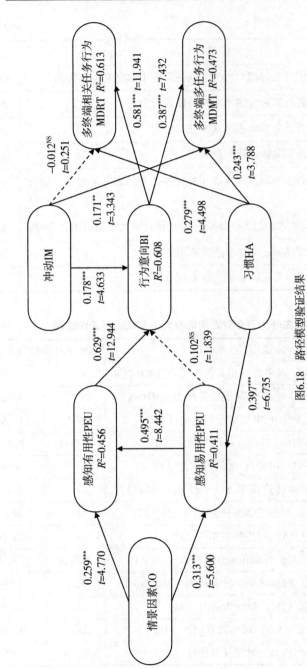

图6.18 路径模型验证结果

注：*** 表示 $P<0.001$，** 表示 $P<0.01$，NS表示 $P>0.05$。

6.8.2 研究结果讨论

(1)"感知易用性"对"行为意向"的影响不显著，而是通过"感知有用性"影响"行为意向"的。其原因可能在于"感知易用性"在多终端使用行为频繁发生的情况下发生了动态的变化。已有一些研究涉及了感知易用性等因素在信息系统接受前后的动态变化。Thompson 等（1991）的研究发现，对于使用经验不同的用户，感知易用性、主观规范和偏好的影响存在差异，使用经验少的用户受到的影响更大，也就是说随着使用经验的积累，感知易用性等因素的影响减少。Venkatesh & Morris（2000）以技术接受模型为基础对使用行为分段进行研究，发现感知易用性的持续作用时间较感知有用性弱。Szajna（1996）的研究发现与本章研究更为接近，他在研究中发现感知易用性的预测力会随使用时间累加而不断下降，直至不显著，而感知有用性的预测力则始终较强。方针（2005）认为造成这种现象是由于使用经验的影响，并概括为感知易用性对使用意向的影响随经验的增加而减弱。尽管各研究中对"使用经验"也存在较大差异，但关于经验与习惯的关联基本具有不同程度的研究共识。如 Carrillo（2014）就认为经验是习惯影响使用意向、易用性知觉影响使用意向的调节变量。这也为本章研究习惯对感知易用性的影响提供了一个可能的解释角度。

具体到本章研究中，日常生活中的多终端使用行为是重复、细碎、频发的，且未对具体使用行为作出特别限定，使用者的既有使用经验相对其他信息系统的使用更为丰富。这在很大程度上影响了感知易用性对行为意向的影响。也说明日常生活中的多终端使用行为具有重复性和频发性，很容易导致使用者形成固定的使用行为模式。

(2)"冲动"对"多终端相关任务行为"影响不显著，但对"多终端多任务行为"影响显著，且"行为意向"起到部分中介效果。如前文所述，本章研究对两类多终端使用行为进行区分的主要依据是任务模式的差异，多终端相关任务行为通常指的是多个终端

151

配合完成一个特定的任务，这个过程按照生活经验推测是理性主导的过程，而多终端多任务行为多表现为某一种终端功能的突然介入或突发的使用意愿，这个过程非理性（或无意识）因素产生影响的可能性更高。如果以本章研究中对冲动的定义，即认为冲动是非理性的影响因素，那么冲动对多终端相关任务行为无显著影响，而对多终端多任务行为有显著影响，恰恰验证了两类多终端行为的模式差异，也证明了冲动对理性、非理性主导的行为模式的影响存在差异。而行为意向在冲动和多终端多任务行为间起到的部分中介作用说明冲动会对属于理性系统的行为意向产生影响进而影响行为的发生。

（3）对比"行为意向"对"多终端相关任务行为"和"多终端多任务行为"的影响大小和预测相关性可以发现，"行为意向"对两类多终端使用行为的影响存在差异。"行为意向"对"多终端相关任务行为"具有较大影响且预测相关性为中等；对"多终端多任务行为"具有中等的影响且预测相关性较小。这说明理性行为系统结合习惯、冲动的模式是具有合理性的，多终端相关任务行为受理性行为系统影响更大。同时也说明日常生活中如多终端配合完成特定工作任务或看电视时进行相关内容的搜寻等行为均更多受到理性行为系统的影响，使用者往往是有计划有目的地进行终端的分配和协调的，可以推测此类情况下使用者对于特定需求的满足是主要诱因，而非注意力的争夺和终端（媒介）特性的特定影响。而从对两类多终端行为的影响总效果看，感知有用性的贡献都很高，说明尽管日常生活中的多终端行为受到习惯、冲动等因素的影响，但对于需求的满足仍是多终端使用行为的主要影响因素，这也意味着同时使用多个终端本身就需要更多认知资源的参与和对需求感知的合理论断。

（4）"习惯"对"感知易用性"存在显著性影响，一方面动机研究部分的推测得到了验证;① 另一方面也证明了习惯对理性系统存在一定的影响，而非双系统理论下独立的两个系统。在讨论感

---

① 需注意动机与使用行为的影响因素不能完全等同。

知易用性对行为意向的影响不显著的部分，已经就经验对感知易用性可能的影响进行了说明，经验和习惯的关联在既往研究中得到了广泛的认可，因此可以推测习惯对感知易用性的影响与经验对感知易用性的影响有一定的相似之处。日常多终端使用中，针对特定使用模式形成的习惯会作为再次进行类似行为的参照，进而影响对易用性的感知。说明在日常多终端使用中，使用者倾向于减少努力的程度是一条重要的行为线索，如依靠习惯对特定多终端使用行为的难易程度进行判断进而对行为的实施进行决策。

（5）"情境因素"对"感知有用性"和"感知易用性"的显著影响均得到了验证，说明特定的具有共性的情境因素会对理性系统的因素产生有效的影响。证明了日常生活中特定的使用情境对多终端使用行为具有影响力和预测性，以包含任务特性的情境为整体影响特定多终端使用行为的推论具有一定的合理性。但是根据对应的预测相关性数据结果可以发现，情境因素对感知易用性和感知有用性的预测能力都较小，说明情境因素是影响多终端行为发生的因素之一，主要影响因素仍是使用者自身的需求。而情境与任务和对应行为的匹配（对应的预测相关性）未能得到有力的解释，说明与情境相关的影响因素仍需进一步探索。

7　总结与展望

7.1　主要研究结论

本书第一章介绍了研究的背景、意义和目的。第二章对研究涉及的概念进行了界定，并对日常生活、多终端环境、多终端使用动机以及多终端使用行为等不同研究层次的问题进行了文献梳理，确定了理论研究框架和主要研究问题。第三章主要介绍了研究的框架和技术路线及研究方法。第四章通过问卷、使用数据实地采集和访谈的方法分析了多终端环境下终端使用的规律，并得到可能的多终端使用动机和多终端使用行为影响因素，作为后续研究的准备。第五章通过因子分析萃取了多终端使用动机的因子，并通过动机因素对多终端使用行为的回归分析进行了验证。第六章结合动机的研究结果，确定了多终端使用行为的结构模型，通过问卷调查获得数据，并通过结构方程模型方法进行验证和评估。研究得到如下主要研究结论：

（1）结合使用数据实地采集和访谈的结果，手机和计算机平台存在一定的功能分化，常用和重要功能方面，计算机平台二者差异相对较小，手机的差异较大，除社交 & 即时通信功能外，其他功能均存在一定分化。

终端使用情境方面，主要情境为工作情境、家庭情境和"通勤",其中"通勤"中较少使用多个终端,以移动终端的使用为主,家庭情境和工作情境则为典型的多终端环境。任务划分方面主要考虑任务的复杂度,使用者在不同情境下对不同任务的使用选择存在差别,说明使用情境与任务存在关联。

(2)通过因子分析得到三个多终端使用动机因子,分别是需求满足、便利习惯和他人认可,需求满足包括社交、信息、休闲动机三个因素,便利习惯包括便利和习惯两个因素。根据因子分析的结果形成正式问卷施测,以三个动机因子对多终端使用行为进行验证性回归分析,结果需求满足和便利习惯两类动机正向显著影响了多终端使用行为,他人认可未得到验证。此结果支持了目标性动机和经验性动机区分的观点,也说明了习惯与易用性感知存在一定关联。

在以社交、信息、休闲、便利、习惯作为变量对多终端相关任务和多终端多任务分别进行的预测性逐步回归分析中,得到两个模型,两个模型中信息变量均被排除,社交、休闲、便利、习惯四个变量进入模型。说明这四个变量对两类多终端使用行为均有正向影响,但对于不同任务行为各动机的作用存在差异。

不同群体在需求满足和便利习惯两类动机上无显著差异。

(3)多终端使用行为影响因素方面,模型经过验证评估,拟合度良好,对多终端相关任务行为和多终端多任务行为的解释力分别为 61.3% 和 47.3%。行为意向和习惯均对两类多终端使用行为有正向显著影响,冲动仅对多终端多任务行为有正向显著影响,但通过行为意向间接影响两类多终端使用行为;行为意向对多终端相关任务行为具有较大的影响和中等的预测相关性,对多终端多任务行为具有中等的影响大小和较小的预测相关性。

就多终端使用行为影响因素之间的关系而言,情境因素对感知易用性和感知有用性的正向影响得到了验证;感知易用性对感知有用性存在中等大小的影响和预测相关性,但对行为意向的影响未得到验证;习惯则对感知易用性存在中等影响。

155

7.2　研究启示

　　基于上述主要研究结论，回归研究的现实背景和目的，研究的启示有以下几点：

　　（1）重视日常生活下使用者下意识的多终端使用。相对于处理相关任务的多终端使用，使用者对于使用主设备的同时使用手机等琐碎的多终端多任务行为的意识程度较低，常于下意识状态进行。由于手机等移动智能终端的"碎片化"使用，这种琐碎、短暂、频繁的多终端多任务行为较为普遍。这一方面会造成使用者对主要终端的注意力的分散，影响内容消费的效果；另一方面也增加了移动端为主的"碎片化"内容消费的可能。这对于产品设计和内容投放而言既是机遇也是挑战，需要生产者根据使用者行为数据的具体分析，动态地调整生产策略，尽量做到相应资源的合理分配。

　　（2）多终端相关的产品设计需重点考虑使用者的核心需求。在多终端使用动机的研究中，影响多终端使用行为的动机因素主要有社交、休闲、便利、习惯四个具体因素。其中社交和休闲是使用者明确的需求，便利和习惯则属于经验性需求。多终端使用的主要需求并不是单一终端使用需求的组合和叠加，一方面使用者对社交和休闲的功能有特定的需求；另一方面使用者也寻求更加符合自己使用习惯、更加易用的功能组合，以减少同时使用多个终端带来的过多的认知资源消耗。在内容生产和投放方面，多种终端争夺使用者注意力的情况下，社交和休闲方面的产品内容和形式更具有优势，在相应的功能设置、内容投放方面可优先考虑此类型产品，而具有一定习惯性用户群的平台，内容的分发推广也更具有优势。

　　（3）重视使用者的习惯因素。在本研究中习惯作为重要的经验性动机和经验性因素对多终端使用行为产生显著影响。习惯不仅可以直接影响终端的使用，也能影响使用者的易用性感知。因此在相关产品尤其是软件的用户界面设计上，应尽量保证各终端平台用户界面、操作模式、流程逻辑等方面的一致性。各终端平台的用户界面如果在升级中出现较大变化，或各终端平台上的设计差异较大，会给使用者的使用增加额外的资源消耗，也会影响使用者对产品易用性的感知，增加产品操作学习的成本。

（4）冲动性多终端使用行为的差异。在研究中，冲动会直接影响多终端多任务行为，并通过行为意向的中介作用影响多终端相关任务行为。这说明冲动不会直接导致使用者使用多个终端完成关联性任务，但有可能在使用某主要终端时"分心"去使用其他终端。因此在与"跨屏"有关的诸如购物消费、内容消费的行为中，设计者需要考虑通过降低冲动性使用的发生来保证使用者注意力集中于希望关注的部分和相对重要的操作。

（5）情境感知和识别是多终端相关应用和用户界面开发的重要方向。本研究验证了情境因素对感知有用性和感知易用性的正向显著影响，说明使用者的理性使用行为会受到外部情境因素的直接影响。在日常的多终端环境下，如何判断、选择多终端的使用是多终端应用开发、多终端体验设计的重要问题，对情境的感知和识别可以提高使用者对多终端应用和相关界面使用的意愿和效率。

7.3 研究局限与未来研究方向

本研究尚有以下几点局限和不足：

（1）研究的群体主要针对终端使用活跃群体，对于终端使用不活跃的世代或年龄段涉及较少，因此仅能反映出主要终端使用群体的情况，无法解释所有世代群体多终端使用行为的差异。

（2）对多终端环境的分析中未考虑终端硬件特性对各层次终端特性的具体影响。

（3）由于具体研究对象的限制，多终端使用中的序列使用行为未加以研究，对相关任务模式的类型考虑尚不够全面。

针对以上几点局限和不足，提出以下后续研究的展望：

（1）将"世代"作为多终端使用行为的变量进行考虑，判断不同世代在多终端使用行为和能力上的差异及成因。

（2）将具体终端硬件特性因素作为独立变量进行研究，探索软硬件特性与各层次终端特性的关系，丰富现有模型的层次。

（3）加入序列使用行为的研究，重新整合任务类型，探索合理整合两类使用行为研究框架的方案。

参 考 文 献

[1] CNNIC. 2017. 第 40 次《中国互联网络发展状况统计报告》 [OL]. http：//www. cnnic. net. cn/hlwfzyj/hlwxzbg/hlwtjbg/201708/ P020170807351923262153. pdf.

[2] ［挪］ Rich Ling. M 时代：手机与你［M］. 林振辉，郑敏慧， 译. 北京：人民邮电出版社，2008.

[3] Herbert L. Petri, John M. Govern. 动机心理学（第五版） ［M］. 郭本禹，等，译. 西安：陕西师范大学出版社，2005： 150-158.

[4] ［匈］ 阿格妮丝·赫勒. 日常生活［M］. 衣俊卿，译. 重庆： 重庆出版社，1990：2-9.

[5] ［德］ 埃德蒙德·胡塞尔. 生活世界现象学［M］. 倪梁康， 张廷国，译. 上海：上海译文出版社，2005.

[6] 曹家荣. 理解行动电话：流动的媒介与日常生活［D］. 台北： 台湾政治大学，2011.

[7] 陈阳. 大众传播研究方法导论［M］. 北京：中国人民大学出 版社，2007：30.

[8] 方针. 用户信息技术接受的影响因素模型与实证研究［D］. 上海：复旦大学，2005.

[9] 甘怡群，等. 心理与行为科学统计［M］. 北京：北京大学出 版社，2005：219-222.

[10] 胡竹菁，胡笑羽. Evans 双重加工理论的发展过程简要述评

[J]. 心理学探新, 2012, 32 (4): 310-316.

[11] 蒋妍, 马景义. 顾客满意度指数模型的估计与检验 [J]. 统计与决策, 2006, 6 (4): 12-15.

[12] 柯惠新, 等. 传播统计学 [M]. 北京: 北京广播学院出版社, 2003: 44-77.

[13] 廖菲. 双系统理论新进展 [J]. 牡丹江教育学院学报, 2011 (3): 111-112.

[14] 廖圣清, 黄文森, 易红发, 等. 媒介的碎片化使用: 媒介使用概念与测量的再思考 [J]. 新闻大学, 2015 (6): 61-73.

[15] 凌云. 考试统计学 [M]. 武汉: 华中师范大学出版社, 2002.

[16] 卢纹岱. SPSS for Windows 统计分析 (第三版) [M]. 北京: 电子工业出版社, 2003.

[17] 马庆国. 管理统计: 数据获取、统计原理、SPSS 工具与应用研究 [M]. 北京: 科学出版社, 2002: 27-42.

[18] [美] 迈克尔·塞勒. 移动浪潮: 移动智能如何改变世界 [M]. 邹韬, 译. 北京: 中信出版社, 2013.

[19] 潘忠党. "玩转我的 iPhone, 搞定我的世界!" ——探讨新传媒技术应用中的 "中介化" 和 "驯化" [J]. 苏州大学学报 (哲学社会科学版), 2014 (4): 153-162.

[20] [匈] 乔治·卢卡契. 审美特性 [M]. 徐恒醇, 译. 北京: 中国社会科学出版社, 1986.

[21] 邱皓政, 林碧芳. 结构方程模型的原理与应用 [M]. 北京: 中国轻工业出版社, 2009.

[22] 邱皓政. 量化研究与统计分析: SPSS 中文视窗版数据分析范例解析 [M]. 重庆: 重庆大学出版社, 2009.

[23] 宋玉婷, 李丽, 牛志民, 等. 大学生媒体多任务在冲动性和心理健康间的中介作用 [J]. 现代预防医学, 2017, 44 (21).

[24] 宋玉婷, 李丽, 牛志民. 大学生媒体多任务、冲动性与睡眠质量和学业成绩相关分析 [J]. 现代预防医学, 2017 (3).

［25］苏建州．不同世代媒体使用行为之研究：以2005东方消费者行销资料库为例［J］．资讯社会研究，2006（10）：205-234.

［26］苏建州．网路使用者之媒体共用偏好与网路关键字广告效果研究［J］．新闻学研究，2010（103）：1-42.

［27］王杰文．日常生活与媒介化的"他者"［J］．现代传播：中国传媒大学学报，2011，1（8）：19-22.

［28］王喆．无限信息与有限认知：媒介多任务行为的动态整合模式［J］．新闻界，2015（22）：46-50.

［29］王重鸣．心理学研究方法（第二版）［M］．北京：人民教育出版社，2001.

［30］吴明隆．问卷统计分析实务：SPSS操作与应用［M］．重庆：重庆大学出版社，2010.

［31］吴文汐．媒介的力量［M］．北京：人民日报出版社，2015.

［32］［美］马斯洛．机动与人格［M］．许金声，等，译．北京：华夏出版社，1987.

［33］杨晓辉，王腊梅，朱莉琪．电子媒体的使用与儿童发展——基于生态科技微系统理论的视角［J］．心理科学，2014（4）：920-924.

［34］衣俊卿．理性向生活世界的回归——20世纪哲学的一个重要转向［J］．中国社会科学，1994（2）：115-127.

［35］喻国明，吴文汐，何其聪，等．移动互联网时代我国城市居民媒介接触与使用［M］．北京：人民日报出版社，2015.

［36］张爱卿．论人类行为的动机———种新的动机理论构理［J］．华东师范大学学报（教育科学版），1996（1）：71-80.

［37］张敏强．教育与心理统计学［M］．北京：人民教育出版社，2001.

［38］张郁敏．跨世代行动上网与电视并用行为与动机［J］．新闻学研究，2015（124）：83-116.

［39］张贞．中国大众文化之"日常生活"研究［D］．武汉：华中师范大学，2006.

［40］周葆华．大众传播效果研究的历史考察［D］．上海：复旦大

学，2005.

[41] 周荣贤. 社群行为对「第二萤幕」使用行为之影响 [J]. 资讯传播研究，2014，4（2）：61-82.

[42] 周心怡. 拔靴法（Bootstrap）之探讨及其应用 [D]. 台北：台湾"中央"大学，2004.

[43] Agag G, El-Masry A A. Understanding the Determinants of Hotel Booking Intentions and Moderating Role of Habit [J]. International Journal of Hospitality Management, 2016 (54): 52-67.

[44] Ajzen I, Fishbein M. The Influence of Attitudes on Behavior [M]. The Handbook of Attitudes, 2005.

[45] Alamanda D T, Argi G, et al. Mapping of Tablet PC Based On Consumer Perception [J]. Journal Manajemen Bisnis Indonesia, 2014 (2): 4-14.

[46] Alcatel Lucent. The Multi-Screen Experience a Global Overview of Consumer Demand [R]. Alcatel

[47] Amani H, Lutfi H, Alamanda D T, et al. Bandung Electronic Center: Consumer Attitude toward Smartphone and Tablet PC [C] // International Seminar and Conference on Learning Organization, 2016.

[48] Assael H. Consumer Behavior and Marketing Action [M]. 6th ed. South-Western College Publishing, 1998: 388-399, 588.

[49] Bagozzi R P, Yi Y. On the Evaluation of Structural Equationmodels [J]. Journal of the Academy of Marketing Science, 1988, 16 (1): 74-94.

[50] Bamberg S, Schmidt P. Incentives, Morality, or Habit? Predicting Students' Car Use for University Routes With the Models of Ajzen, Schwartz, and Triandis [J]. Environment & Behavior, 2003, 35 (2): 264-285.

[51] Bardhi F, Rohm A J, Sultan F. Tuning in and Tuning out: Media Multitasking Among Young Consumers [J]. Journal of Consumer

Behaviour, 2010, 9 (4): 316-332.

[52] Belk R W. Situational Variables and Consumer Behavior [J].
Journal of Consumer Research, 1975, 2 (3): 157-164.

[53] Belsley D A, Kuh E, Welsch R E. Regression Diagnostics:
Identifying Influential Data and Sources of Collinearity [M].
John Wiley & Sons, Inc, 1981.

[54] Benbunan-Fich R, Adler R F, Mavlanova T. Towards New
Metrics for Multitasking Behavior [C] // CHI '09 Extended
Abstracts on Human Factors in Computing Systems. ACM, 2009:
4039-4044.

[55] Benbunan-Fich R, Adler R F, Mavlanova T. Measuring
Multitasking Behavior with Activity-based Metrics [J]. ACM
Transactions on Computer-Human Interaction (TOCHI), 2011,
18 (2): 1-22.

[56] Boase J, Ling R. Measuring Mobile Phone Use: Self-report
Versus Log Date [J]. Journal of Computer-Mediated
Communication, 2013, 18 (4): 508-519.

[57] Böhmer M, Hecht B, Bauer G. Falling Asleep with Angry Birds,
Facebook and Kindle: A Large Scale Study on Mobile
Application Usage [C] // Conference on Human-Computer
Interaction with Mobile Devices and Services, Mobile Hci 2011,
Stockholm, Sweden, August 30-September. DBLP, 2011: 47-
56.

[58] Boyd B, Wandersman A. Predicting Undergraduate Condom Use
with the Fishbein and Ajzen and the Triandis Attitude-Behavior
Models: Implications for Public Health Interventions1 [J].
Journal of Applied Social Psychology, 1991, 21 (22): 1810-
1830.

[59] Brasel S A, Gips J. Media Multitasking Behavior: Concurrent
Television and Computer Usage [J]. Cyberpsychology Behavior
& Social Networking, 2011, 14 (9): 527.

163

[60] Brown J. Choosing the Right Type of Rotation in PCA and EFA [J]. Shiken: JALT Testing & Evaluation SIG Newsletter, 2009, 13 (3): 20-25.

[61] Bryant F B, Yarnold P R. Principal-components Analysis and Exploratory and Confirmatory Factor Analysis [J]. 1995: 99-136.

[62] Byrne B M. Structural Equation Modeling with EQS and EQS/Windows: Basic Concepts, Applications, and Programming [J]. Journal of the Royal Statistical Society, 1994, 159 (2).

[63] Carrillo L S. Habits and Technology Fit: A Study of Technology Acceptance [D]. Australia: RMIT University, 2014: 29.

[64] Chen C F, Chao W H. Habitual or reasoned? Using the Theory of Planned Behavior, Technology Acceptance Model, and Habit to Examine Switching Intentions Toward Public Transit [J]. Transportation Research Part F Traffic Psychology & Behaviour, 2011, 14 (2): 128-137.

[65] Cheng J W, Otsuka T, Mitomo H. The Effect of Simultaneous Multi-screening on the Users' Knowledge of Social Issues Ina Highly Mediated Society [C] // European Regional Conference of the International Telecommunications Society, 2014.

[66] Chin W W, Marcolin B L, Newsted P R. A Partial Least Squares Latent Variable Modeling Approach for Measuring Interaction Effects: Results from a Monte Carlo Simulation Study and an Electronic-Mail Emotion/Adoption Study [J]. Information Systems Research, 2003, 14 (2): 189-217.

[67] Chin W W. How to Write Up and Report PLS Analyses [M]. Handbook of Partial Least Squares. Springer Berlin Heidelberg, 2010: 655-690.

[68] Chiou C F, Sherbourne C D, Cornelio I, et al. Development and Validation of the Revised Cedars-Sinai Health-related Quality of Life for Rheumatoid Arthritis Instrument [J]. Arthritis Care &

Research, 2006, 55 (6): 856.

[69] Choia Y K, Kimb J, et al. International Journal of Advertising: The Review of Marketing Communications [J]. International Journal of Advertising: The Review of Marketing Communications, 2009, 28 (1): 147-167.

[70] Cisco Public Information. Cisco Visual Networking Index: Global Mobile Data Traffic Forecast Update, 2016—2021 [Z]. Cisco, 2017: 1-35.

[71] Cleeremans A, Jimnez L. Implicit Learning and Consciousness: A Graded Dynamic Perspective [M] //French R M, Cleeremans A. Implicit Learning and Consciousness: An Empirical, Philosophical and Computational Consensus in the Making. New York: Psychology Press, 2002: 24-63.

[72] Cohen J. Statistical Power Analysis for the Behavioral Sciences [M]. 2nd. L. Erlbaum Associates, 1988 (363): 19-74.

[73] Courtois C, D'Heer E. Second Screen Applications and Tablet Users: Constellation, Awareness, Experience, and Interest [C] // European Conference on Interactive Tv and Video. ACM, 2012: 153-156.

[74] Cuieford J P. Fundamental Statistics in Psychology and Education [M]. New York: McGrawHill, 1965: 46-85.

[75] Darnton A, Verplanken B, White P, et al. Habits, Routines and Sustainable Lifestyles: A Summary Report to the Department for Environment, Food and Rural Affairs [R]. London: AD Research & Analysis for Defra, 2011: 1-56.

[76] Davis F D, Bagozzi R P, Warshaw P R. User Acceptance of Computer Technology: A Comparison of Two Theoretical Models [J]. Management Science, 1989, 35 (8): 982-1003.

[77] Davis F D. Perceived Usefulness, Perceived Ease of Use, and User Acceptance of Information Technology [J]. MIS Quarterly, 1989, 13 (3): 319-340.

165

[78] De Certeau M. The Practice of Everyday Life [M]. University of California Press, 1984.

[79] Dearman D, Pierce J S. It's on My Other Computer!: Computing with Multiple Devices [C] // Conference on Human Factors in Computing Systems, CHI 2008, 2008, Florence, Italy, April. DBLP, 2008: 767-776.

[80] Dey A K, Abowd G D, Salber D. A Conceptual Framework and a Toolkit for Supporting the Rapid Prototyping of Context-Aware Applications [J]. Humanacomputer Interaction, 2001: 16 (2-4): 97-166.

[81] Diamantopoulos A, Siguaw J A. Formative Versus Reflective Indicators in Organizational Measure Development: A Comparison and Empirical Illustration [J]. British Journal of Management, 2006, 17 (4): 263-282.

[82] Dias P. Motivations for Multi-screening: An Exploratory Study on Motivations and Gratifications [J]. European Journal of Communication, 2016, 31 (6).

[83] Dimmick J, Rothenbuhler E. The Theory of the Niche: Quantifying Competition Among Media Industries [J]. Journal of Communication, 1984, 34 (1): 103-119.

[84] Do T M T, Blom J, Gatica-Perez D. Smartphone Usage in the Wild: A Large-scale Analysis of Applications and Context [C] // International Conference on Multimodal Interfaces. ACM, 2011: 353-360.

[85] English C. Online Social Media in Everyday Life in Ireland : A Qualitative Exploration of Media Use Among Irish 25-30 Year-olds During a Time of Crisis [D]. Dublin City University, 2013.

[86] Epstein S, Pacini R, Denesraj V, et al. Individual Differences in Intuitive-experiential and Analytical-rational Thinking Styles [J]. Journal of Personality & Social Psychology, 1996, 71 (2): 390.

[87] Epstein S. Integration of the Cognitive and the Psychodynamic

Unconscious: Comment [J]. American Psychologist, 1994, 49 (8): 709.

[88] Evans J S, Wason P C. Rationalization in a Reasoning Task [J]. British Journal of Psychology, 1976, 67 (4): 479-486.

[89] Falaki H, Mahajan R, Kandula S, et al. Diversity in Smartphone Usage [C] // International Conference on Mobile Systems, Applications, and Services. DBLP, 2010: 179-194.

[90] Fischer C S. America Calling: A Social History of the Telephone to 1940 [M]. Berkeley: University of California Press, 2006.

[91] Fishbein M, Ajzen I. Belief, Attitude, Intention, and Behavior: An Introduction to Theory and Research Reading [J]. MA: Addison-Wesley, 1975.

[92] Fishbein M, Middlestadt S. Noncognitive Effects on Attitude Formation and Change: Fact or Artifact? [J]. Journal of Consumer Psychology, 1995, 4 (2): 181-202.

[93] Fishbein M. An Investigation of the Relationship Between Beliefs about an Object and the Attitude Toward that Object [J]. Current Opinion in Investigational Drugs, 1963, 16 (3): 233-239.

[94] Gan Chunmei. The Impact of Use Context on Mobile Payment User Adoption: An Empirical Study in China [C] // WHICEB 2016 Proceedings, 2016 (31): 264-266.

[95] Gardner J S. Simultaneous Media Usage: Effects on Attention [D]. Virginia Polytechnic Institute and State University. 2008.

[96] Garson D G. Factor Analysis: Statnotes [EB/OL]. [2023-08-23]. http: // www2. chass. ncsu. edu/ garson/pa765/factor. htm.

[97] Gefen D, Rigdon E E, Straub D W. An Update and Extension to SEM Guidelines for Administrative and Social Science Research. Editorial Comment [J]. MIS Quarterly, 2011, 35 (2): III-XII.

[98] Gefen D. TAM or Just Plain Habit: A Look at Experienced

Online Shoppers [J]. Journal of Organizational & End User Computing, 2003, 15 (July): 1-13.

[99] Ghiani G, Polet J, Antila V, et al. Evaluating Context-aware User Interface Migration in Multi-device Environments [J]. Journal of Ambient Intelligence & Humanized Computing, 2013, 6 (2): 1-19.

[100] Goodhue D L, Thompson R L. Task-Technology Fit and Individual Performance [J]. MIS Quarterly, 1995, 19 (2): 213-236.

[101] Google. The New Multi-screen World: Understanding Cross-platform Consumer Behavior [Z]. U. S. , 2012: 1-45.

[102] Gorsuch R. L. Factor Analysis [M] .2nd ed. Hillsdale, NJ: Erlbaum, 1983.

[103] Gotz O, Liehrgobbers K, Krafft M. Evaluation of Structural Equation Models Using the Partial Least Squares (PLS) Approach [J]. Handbook of Partial Least Squares, 2009: 691-711.

[104] Grubert J, Kranz M, Quigley A. Challenges in Mobile Multi-device Ecosystems [J]. Mux the Journal of Mobile User Experience, 2016, 5 (1): 5.

[105] Haddon L. Domestication and Mobile Telephony [C] // 'Machines that Become Us' New Jersey, 2001.

[106] Hair J F, Anderson R E, Tatham R L, et al. Multivariate Data Analysis, 5th Ed [J]. All Publications, 1988.

[107] Hair J F, Hult G T M, Ringle C, Sarstedt M. A Primer on Partial Least Squares Structural Equation Modeling (PLS-SEM) [M]. Washington DC: SAGE Publications, 2014.

[108] Hair J F, Sarstedt M. PLS-SEM: Indeed a Silver Bullet [J]. Journal of Marketing Theory & Practice, 2011, 19 (2): 139-152.

[109] Hamblen M. Users will soon opt first for smartphones and

tablets, not laptops and PCs-Computerworld [EB/OL]. [2023-08-23]. https://www.computerworld.com/article/1485694/growing-reliance-seen-on-smartphones-and-tablets-over-laptops-and-pcs.html.

[110] Hassoun D. Tracing Attentions: Toward an Analysis of Simultaneous Media Use [J]. Television & New Media, 2014, 15 (4): 271-288.

[111] Hawkins D I, Mothersbaugh D L. Consumer Behavior: Building Marketing Strategy (Eleventh Edition) [M]. McGraw-Hill, 2010.

[112] Hay J, Couldry N. Rethinking Convergence/Culture [J]. Cultural Studies, 2011, 25 (4-5): 473-486.

[113] Heijden H V D. The Personal Usage of Online Information Services: Theory and Empirical Investigation [J]. British Journal of Haematology, 2002, 16 (4): 397-408.

[114] Henseler J, Ringle C M, Sinkovics R R. The Use of Partial Least Squares Path Modeling in International Marketing [M] //Sinkovics R R, Ghauri P N. Advances in International Marketing: Vol. 20. Emerald Group Publishing limited, 2009: 277-319.

[115] Hess J, Ley B, Ogonowski C, et al. Jumping Between Devices and Services: Towards an Integrated Concept for Social TV [C] // European Conference on Interactive Tv and Video. ACM, 2011: 11-20.

[116] Highmore B J N. Everyday Life and Cultural Theory [M]. Routledge, 2001.

[117] Hintze D, Scholz S, Scholz S. Mobile Device Usage Characteristics: The Effect of Context and Form Factor on Locked and Unlocked Usage [C] // International Conference on Advances in Mobile Computing and Multimedia. ACM, 2014: 105-114.

[118] Howell D C. Statistical Methods for Psychology [J]. Journal of the Royal Statistical Society, 2012, 43 (43).

[119] Huber J, Ding Y. Adapting Web Pages Using Graph Partitioning Algorithms for User-centric Multi-device Web Browsing [J]. Multimedia Tools & Applications, 2013, 62 (1): 209-231.

[120] Hutcheson G, Sofroniou N. The Multivariate Social Scientist: Introductory Statistics Using Generalized Linear Models [M]. Thousand Oaks, CA: Sage Publications, 1999.

[121] Hwang Y, Kim H J, Jeong S H. Why Do Media Users Multitask? Motives for General, Medium-specific, and Content-specific Types of Multitasking [J]. Computers in Human Behavior, 2014, 36 (2): 542-548.

[122] Ikart E, Ditsa G. A Research Framework for the Adoption and Usage of Executive Information Systems [J]. ACIS, 2004.

[123] Ivaturi K, Chua C. Exploring Multi Digital Device Usage: A Sociomaterial Perspective [C] // Thirty Sixth International Conference on Information Systems, Fort Worth, 2015.

[124] Jenkins H. Convergence Culture: Where Old and New Media Collide [M]. New York University Press, 2006.

[125] Johnson G M. Internet Use and Child Development: The Techno-Microsystem. [J]. Australian Journal of Educational & Developmental Psychology, 2010 (10): 32-43.

[126] Johnson G, Puplampu K. A Conceptual Framework for Understanding the Effect of the Internet on Child Development: The Ecological Techno-subsystem [J]. Canadian Journal of Learning and Technology, 2008 (34): 19-28.

[127] Jöreskog K G. A General Method for Estimating Linear Structural Equation Systems [C] // Structural Equations in the Social Sciences. 1973: i-41.

[128] Kahneman D, Moshman S. Representativeness Revisited: Attribute Substitution in Intuitive Judgment [M]. New York:

Cambridge University Press, 2002.

[129] Kaiser H F, Rice J. Little Jiffy, Mark IV [J]. Journal of Educational & Psychological Measurement, 1974, 34 (1): 111-117.

[130] Kaiser H F. The Application of Electronic Computers to Factor Analysis [J]. Educational & Psychological Measurement, 1960, 20 (1): 141-151.

[131] Kari J, Savolainen R. Relationships Between Information Seeking and Context: A Qualitative Study of Internet Searching and the Goals of Personal Development [J]. Library & Information Science Research, 2007, 29 (1): 47-69.

[132] Karlson A K, Meyers B R, Jacobs A, et al. Working Overtime: Patterns of Smartphone and PC Usage in the Day of an Information Worker [C] // Pervasive Computing, International Conference, Pervasive 2009, Nara, Japan, May 11-14, 2009. Proceedings. DBLP, 2009: 398-405.

[133] Katz E, et al. Uses of Mass Communication by the Individual [M]. Calif: Sage Publications, 1974.

[134] Kawsar F, Brush A J B. Home Computing Unplugged: Why, Where and When People Use Different Connected Devices at Home [C] // ACM International Joint Conference on Pervasive and Ubiquitous Computing. ACM, 2013: 627-636.

[135] Kayany J M, Yelsma P. Displacement Effects of Online Media in the Socio-technical Contexts of Households [J]. Journal of Broadcasting & Electronic Media, 2000, 44 (2): 215-229.

[136] Kononova A, Chiang Y H. Why Do We Multitask with Media? Predictors of Media Multitasking Among Internet Users in the United States and Taiwan [J]. Computers in Human Behavior, 2015 (50): 31-41.

[137] Kononova A, Yuan S. Take a Break: Examining College Students' Media Multitasking Activities and Motivations during

Study-or Work-Related Tasks [J]. Journalism & Mass Communication Educator, 2016: 72.

[138] Kubey R, Csikszentmihalyi M. Television and the Quality of Life: How Viewing Shapes Everyday Experience [J]. Contemporary Sociology, 1990, 20 (2): 284.

[139] Kuutti K. Activity Theory as a Potential Framework for Human-computer Interaction Research [M]. Massachusetts Institute of Technology, 1986.

[140] Landauer T K. Relations Between Cognitive Psychology and Computer System Design [M] //Carroll J M. Interfacing Thought: Cognitive Aspects of Human-computer Interaction. Cambridge: MIT Press, 1987: 1-25.

[141] Lash S. Critique of Information [M]. SAGE Publications, 2002.

[142] Latan H, Ghozali I. Partial Least Squares: Concepts, Techniques and Applications Using SmartPLS 3 [M]. Diponegoro University Press, 2015.

[143] Lee H, Ryu J, Kim D. Profiling Mobile TV Adopters in College Student Populations of Korea [J]. Technological Forecasting & Social Change, 2010, 77 (3): 514-523.

[144] Lefebvre H. Everyday Life in the Modern World [M]. Harper & Row, 1971.

[145] Levin M. Designing Multi-Device Experiences [M]. Oreilly Media, 2014.

[146] Li H, Lai V S. Antecedents of Virtual Community Members' Participation: The Triandis Interpersonal Behavior Perspective [C] // Connecting the Americas. Americas Conference on Information Systems, Amcis 2006, Acapulco, México, August. DBLP, 2006: 529.

[147] Li H, Lee K C. Behavior Participation in Virtual Worlds: A Triandis Model Perspective [C] //Pacific Asia Conference on

Information Systems, PACIS 2010, Taipei, Taiwan, 2010.

[148] Lim S, Shim H. Who Multitasks on Smartphones? Smartphone Multitaskers' Motivations and Personality Traits [J]. Cyberpsychology Behavior & Social Networking, 2016, 19 (3): 223-227.

[149] Limayem M, Hirt S G, Cheung C M K. How Habit Limits the Predictive Power of Intention: The Case of Information Systems Continuance [J]. MIS Quarterly, 2007, 31 (4): 705-737.

[150] Lin T T C. Convergence and Regulation of Multi-screen Television: The Singapore Experience [M]. Pergamon Press, Inc, 2013.

[151] Lister M, Dovey J, Giddings S, et al. New Media: A Critical Introduction [M].2nd ed. London: British Library Cataloguing in Publication Data, 2009: 105-119.

[152] Liu Y, Li H. Mobile Internet Diffusion in China: An Empirical Study [J]. Industrial Management & Data Systems, 2010, 110 (3): 309-324.

[153] Liu Y, Li H. Exploring the Impact of Use Context on Mobile Hedonic Services Adoption: An Empirical Study on Mobile Gaming in China [J]. Computers in Human Behavior, 2011, 27 (2): 890-898.

[154] Lochrie M, Coulton P. Mobile Phones as Second Screen for TV, Enabling Inter-audience Interaction[C] //International Conference on Advances in Computer Entertainment Technology, Ace 2011, Lisbon, Portugal, November. DBLP, 2011: 1-2.

[155] Loehlin J C. Using EQS for a Simple Analysis of the Colorado Adoption Project Data on Height and Intelligence [J]. Behavior Genetics, 1992, 22 (2): 239-245.

[156] MacCallum R C, Widaman K F, Zhang S, Hong S. Sample Size in Factor Analysis [J]. Psychological Methods, 1999 (4): 84-99.

173

[157] Mallat N, Rossi M, Tuunainen V K, et al. An Empirical Investigation of Mobile Ticketing Service Adoption in Public Transportation [J]. Personal & Ubiquitous Computing, 2008, 12 (1): 57-65.

[158] Mallat N, Rossi M, Tuunainen V K, et al. The Impact of Use Context on Mobile Services Acceptance: The Case of Mobile Ticketing [J]. Information & Management, 2009, 46 (3): 190-195.

[159] Marsh S, Mhurchu C N, Jiang Y, et al. Modern Screen-Use Behaviors: The Effects of Single- and Multi-Screen Use on Energy Intake [J]. Journal of Adolescent Health Official Publication of the Society for Adolescent Medicine, 2015, 56 (5): 543.

[160] Microsoft. Cross-Screen Engagement: Multi-screen Pathways Reveal New Opportunities for Marketers to Reach and Engage Consumers [Z]. Microsoft Advertising, Flamingo & Ipsos OTX, 2013: 5-30.

[161] Miller D E, Kunce J T. Prediction and Statistical Overkill Revisited [J]. Measurement & Evaluation in Guidance, N/A, 1973.

[162] Money W, Turner A. Application of the Technology Acceptance Model to a Knowledge Management System [C] // Hawaii International Conference on System Sciences. IEEE, 2004, 80237. 2.

[163] Moshman D. Diversity in Reasoning and Rationality: Metacognitive and Developmental Considerations [J]. Behavioral & Brain Sciences, 2001, 23 (5): 689-690.

[164] Myers B A. Using Handhelds and PCs Together [J]. Communications of the Acm, 2001, 44 (11): 34-41.

[165] Ng E H, Kim H W. Investigating Information Systems Infusion and the Moderating Role of Habit: A User Empowerment

Perspective [C] // International Conference on Information Systems, Icis, Phoenix, Arizona, Usa, December. DBLP, 2009: 137.

[166] Nielsen Company. A2/M2 Three Screen Report (3rd Quarter 2008) [R]. Nielsen Company, 2008.

[167] Katsingris P. The Nielsen Total Audience Report (Q1 2017) [R]. Nielsen Company, 2017.

[168] Nunnally J C. Psychometric theory [M]. NewYork: McGraw-Hill, 1978.

[169] Ohtomo S, Hirose Y. The Dual-process of Reactive and Intentional Decision-making Involved in Eco-friendly Behavior [J]. Journal of Environmental Psychology, 2007, 27 (2): 117-125.

[170] Okoshi T, Ramos J, Nozaki H, et al. Reducing Users' Perceived Mental Effort Due to Interruptive Notifications in Multi-device Mobile Environments [C] // ACM International Joint Conference on Pervasive and Ubiquitous Computing. ACM, 2015: 475-486.

[171] Oulasvirta A, Sumari L. Mobile Kits and Laptop Trays: Managing Multiple Devices in Mobile Information Work [C] // Sigchi Conference on Human Factors in Computing Systems. ACM, 2007: 1127-1136.

[172] Paay J, Raptis D, Kjeldskov J, et al. A Comparison of Techniques for Cross-device Interaction from Mobile Devices to Large Displays [C] // The International Conference. 2016: 137-146.

[173] Park J H. Flow in Multitasking: The Effects of Motivation, Artifact, and Task Factors [D]. Austin: The University of Texas at Austin, 2014.

[174] Peszko K. Multiscreening as a Way of Reaching a Consumer-idea and Possibilities [J]. Jagiellonian Journal of Management,

2015 (4): 339-351.

[175] Pilotta J J, Schultz D E, Drenik G, Rist P. Simultaneous Media Usage: A Critical Consumer Orientation to Media Planning [J]. Journal of Consumer Behaviour, 2004, 3 (3): 285-292.

[176] Pool I D S, Noam E M. Technologies Without Boundaries: On Telecommunications in a Global Age [M]. Harvard University Press, 1990.

[177] Raghunath M, Narayanaswami C, Pinhanez C. Fostering a Symbiotic Handheld Environment [J]. Computer, 2003, 36 (9): 56-65.

[178] Ringle C M, Sarstedt M, Straub D W. Editor's Comments: A Critical Look at the Use of PLS-SEM in MIS Quarterly [M]. Society for Information Management and The Management Information Systems Research Center, 2012.

[179] Ringle C M, Becker J. Smart PLS 3 [EB/OL]. [2018-04-19]. https://www.smartpls.com/.

[180] Robertson S, Wharton C, Ashworth C, et al. Dual Device User Interface Design: PDAs and Interactive Television [C] // Chi. 1996: 79-86.

[181] Robinson V. Finding simplicity in a multi-device world [EB/OL]. [2018-04-19]. http://www.gfk.com/blog/2014/03/finding-simplicity-in-a-multi-device-world.

[182] Salvucci D D. A Multitasking General Executive for Compound Continuous Tasks [J]. Cognitive Science, 2005, 29 (3): 457-492.

[183] Schmelkin L P, Pedhazur J L. Measurement, Design, and Analysis An Intergrated Approach [M]. Wisconsin: Lawrence Erlbaum Associates, 1991.

[184] Segijn C M, Voorveld H A M, Smit E G. The Underlying Mechanisms of Multiscreening Effects [J]. Journal of Advertising, 2016, 45 (4): 1-12.

[185] Shepard C, Rahmati A, Tossell C, et al. LiveLab: Measuring Wireless Networks and Smartphone Users in the Field [J]. Acm Sigmetrics Performance Evaluation Review, 2011, 38 (3): 15-20.

[186] Sherry J L. Media Effects Theory and the Nature/Nurture Debate: A Historical Overview and Directions for Future Research [J]. Media Psychology, 2004, 6 (1): 83-109.

[187] Silverstone R. Television and Everyday Life [M]. Routledge, 1994.

[188] Silverstone R. Complicity and Collusion in the Mediation of Everyday Life [J]. New Literary History, 2002, 33 (4): 761-780.

[189] Sloman S A. The Empirical Case for Two Systems of Reasoning [J]. Psychological Bulletin, 1996, 119 (1) : 3-22.

[190] Smith J W. Make Time Worth It [J]. Marketing Management, 2005.

[191] Soikkeli T, Karikoski J, Hammainen H. Diversity and End User Context in Smartphone Usage Sessions [C] // International Conference on Next Generation Mobile Applications, Services and Technologies. IEEE, 2011: 7-12.

[192] Solomon M R. Consumer Behavior: Buying, Having, and Being, 12th Edition [M]. Pearson Education International, 2018.

[193] Song Y, Ma H, Wang H, et al. Exploring and Exploiting User Search Behavior on Mobile and Tablet Devices to Improve Search Relevance [C] // International Conference on World Wide Web. ACM, 2013: 1201-1212.

[194] Stanovich K E, West R F. Individual Differences in Reasoning: Implications for the Rationality Debate? [J]. Behavioral & Brain Sciences, 2000, 23 (5): 645.

[195] Stawicka J, Tamborowski P. The Impact of Multiscreening on

177

the Consumer Information Processing within the Contemporary Media Landscape [D]. Sweden: Lund University, 2016: 12.

[196] Stern B B, Royne M B, Stafford T F, et al. Consumer Acceptance of Online Auctions: An Extension and Revision of the TAM [J]. Psychology & Marketing, 2008, 25 (7): 619-636.

[197] Stevens J P. Applied Multivariate Statistics for the Social Sciences (5th ed.) [M]. New York: Routledge, 2009.

[198] Stiggelbout A M, Molewijk A C, Otten W, et al. Ideals of Patient Autonomy in Clinical Decision Making: A Study on the Development of a Scale to Assess Patients' and Physicians' Views [J]. Journal of Medical Ethics, 2004, 30 (3): 268-274.

[199] Szajna B. Empirical Evaluation of the Revised Technology Acceptance Model [J]. Management Science, 1996, 42 (1): 85-92.

[200] Thompson R L, Higgins C A, Howell J M. Personal Computing: Toward a Conceptual Model of Utilization [J]. Mis Quarterly, 1991, 15 (1): 125-143.

[201] Triandis H C. Values, Attitudes, and Interpersonal Behavior [J]. Nebraska Symposium on Motivation Nebraska Symposium on Motivation, 1980 (27): 195.

[202] Urbach N, Ahlemann F. Structural Equation Modeling in Information Systems Research Using Partial Least Squares [J]. Journal of Information Technology Theory and Application (JITTA), 2010, 11 (2): 5-40.

[203] Bonnington C. In Less Than Two Years, A Smartphone Could Be Your Only Computer [EB/OL]. [2018-04-19]. https://www.wired.com/2015/02/smartphone-only-computer/.

[204] Venkatesh V, Davis F D. A Model of the Antecedents of Perceived Ease of Use: Development and Test [J]. Decision Sciences, 1996, 27 (3): 451-481.

[205] Venkatesh V, Davis F D. A Theoretical Extension of the Technology Acceptance Model: Four Longitudinal Field Studies [J]. Management Science, 2000, 46 (2): 186-204.

[206] Venkatesh V, Morris M G, Davis G B, et al. User Acceptance of Information Technology: Toward a Unified View [J]. MIS Quarterly, 2003, 27 (3): 425-478.

[207] Venkatesh V, Morris M G. Why Don't Men Ever Stop to Ask for Directions? Gender, Social Influence, and Their Role in Technology Acceptance and Usage Behavior [J]. MIS Quarterly, 2000, 24 (1): 115-139.

[208] Venkatesh V, Thong J Y L, Xu X. Consumer Acceptance and Use of Information Technology: Extending the Unified Theory of Acceptance and Use of Technology [M]. MIS Quarterly, 2012, 36 (1): 157-178.

[209] Verkasalo H. Contextual Patterns in Mobile Service Usage [J]. Personal & Ubiquitous Computing, 2009, 13 (5): 331-342.

[210] Voorveld H A M. Media Multitasking and the Effectiveness of Combining Online and Radio Advertising [J]. Computers in Human Behavior, 2011, 27 (6): 2200-2206.

[211] Wagner D T, Rice A, Beresford A R. Device Analyzer: Large-Scale Mobile Data Collection [J]. Acm Sigmetrics Performance Evaluation Review, 2014, 41 (4): 53-56.

[212] Wallis C. The impacts of media multitasking on children's learning and development: Report from a research seminar [R]. New York: The John Ganz Cooney Center at Sesame Workshop, 2010.

[213] Wang Z, Tchernev J M. The "Myth" of Media Multitasking: Reciprocal Dynamics of Media Multitasking, Personal Needs, and Gratifications [J]. Journal of Communication, 2012, 62 (3): 493-513.

[214] Wason P C, Evans J S B T. Dual Processes in Reasoning? [J].

179

Cognition, 1974, 3 (2): 141-154.

[215] Wijngaert L V D, Bouwman H. Would you Share? Predicting the Potential Use of a New Technology [J]. Telematics & Informatics, 2009, 26 (1): 85-102.

[216] Wold H. 11-Path Models with Latent Variables: The NIPALS Approach [M] //Blalock H M, Aganbegian A, Borodkin F M, et al. Quantitative Sociology: International Perspectives on Mathematical and Statistical Modeling. New York: ACADEMIC Press, Inc. , 1975: 307-357.

[217] Wold H. Estimation of Principal Components and Related Models by Iterative Least Squares [J]. Journal of Multivariate Analysis, 1966 (1): 391-420.

[218] Wortzel. Multivariate Analysis [M]. New Jersey: Prentice, 1979.

[219] Xu Y, Lin M, Lu H, et al. Preference, Context and Communities: A Multi-faceted Approach to Predicting Smartphone App Usage Patterns [C] // Proceedings of the 2013 International Symposium on Wearable Computers. ACM, 2013: 69-76.

[220] Zhang W, Zhang L. Explicating Multitasking with Computers: Gratifications and Situations [J]. Computers in Human Behavior, 2012, 28 (5): 1883-1891.

[221] Zhang X, Prybutok V R, Koh C E. The Role of Impulsiveness in a TAM-Based Online Purchasing Behavior [J]. Information Resources Management Journal, 2006, 19 (2): 54-68.

附录 1　智能终端使用情况调查问卷

　　您好！非常感谢您允许我们占用您宝贵的时间完成此调查表。此调查旨在获取智能终端使用情况的基础数据并作为被试选择的部分依据，调查结果只用于学术研究并且保证您所填相关信息不被泄露。部分题目括号内有相关说明，请详细阅读后作答，如您对此研究感兴趣并有意愿作为被试参与项目，请您填写调查表最后的Email 地址，谢谢！

　　1. 您的性别：[单选题]
　　　　○男
　　　　○女

　　2. 您的年龄段：[单选题]
　　　　○18 岁以下　　○18~25 岁　　○26~30 岁　　○31~40 岁
　　　　○41~50 岁　　○51~60 岁　　○60 岁以上

　　3. 您正在使用的手机型号是（如不确定型号请选择手机搭载的系统）[单选题]
　　　　○型号：＿＿＿＿＿＿＿＿＿ ＊
　　　　○安卓及相关衍生系统
　　　　○苹果 iOS
　　　　○Windows Phone
　　　　○其他

　　4. 是否在同时使用第二部手机 [单选题]
　　　　○是（请跳至第 5 题）

○否（请跳至第 7 题）

5. 同时使用的第二部手机的型号是（如不确定型号请选择手机搭载的系统）［单选题］

  ○型号：＿＿＿＿＿＿＿＿ *

  ○安卓及相关衍生系统

  ○苹果 iOS

  ○Windows Phone

  ○其他

6. 第二部手机的使用频率约为［单选题］

  ○每天都使用

  ○两三天使用一次

  ○一周使用一次

  ○一周以上使用一次

  ○不确定

7. 您是否在使用平板电脑（平板电脑指包括 iPad 系列、微软 Surface 系列在内的类似产品）［单选题］

  ○是（请跳至第 8 题）

  ○否（请跳至第 15 题）

8. 平板电脑的型号是（如不确定型号请选择平板电脑搭载的系统）［单选题］

  ○型号：＿＿＿＿＿＿＿＿ *

  ○安卓及相关衍生系统

  ○苹果 iOS

  ○微软 Windows 相关系统

  ○双系统

  ○其他

9. 平板电脑的使用频率约为［单选题］

  ○每天都使用

  ○两三天使用一次

  ○一周使用一次

  ○一周以上使用一次

○不确定

10. 平板电脑是否与他人共享使用（如经常和家庭成员共用同一台平板电脑）［单选题］

○是

○否

11. 是否在同时使用第二台平板电脑［单选题］

○是（请跳至第 12 题）

○否（请跳至第 15 题）

12. 同时使用的第二台平板电脑的型号是（如不确定型号请选择平板电脑搭载的系统）［单选题］

○型号：_____ *

○安卓及相关衍生系统

○苹果 iOS

○微软 Windows 相关系统

○双系统

○其他

13. 同时使用的第二台平板电脑的使用频率约为［单选题］

○每天都使用

○两三天使用一次

○一周使用一次

○一周以上使用一次

○不确定

14. 同时使用的第二台平板电脑是否与他人共享使用［单选题］

○是

○否

15. 您是否在使用笔记本电脑（包括超极本、二合一电脑）［单选题］

○是（请跳至第 16 题）

○否（请跳至第 25 题）

16. 使用的笔记本电脑的型号［单选题］

　　○型号：＿＿＿＿＿＿＿＿＿＿＿＿ ＊

　　○不知道

17. 笔记本电脑搭载的系统（如装有多系统请选择最常用的一个，选项后可填写具体系统版本）［单选题］

　　○微软 Windows 系列＿＿＿＿＿＿＿＿

　　○苹果 Mac OS 系列＿＿＿＿＿＿＿＿

　　○Linux 相关系统＿＿＿＿＿＿＿＿

　　○其他＿＿＿＿＿＿＿＿

18. 笔记本电脑的使用频率约为［单选题］

　　○每天都使用

　　○两三天使用一次

　　○一周使用一次

　　○一周以上使用一次

　　○不确定

19. 笔记本电脑是否与他人共享使用（如经常和家庭成员共用同一台笔记本电脑）［单选题］

　　○是

　　○否

20. 是否会同时使用第二台笔记本电脑［单选题］

　　○是（请跳至第 21 题）

　　○否（请跳至第 25 题）

21. 同时使用的第二台笔记本电脑的型号［单选题］

　　○型号：＿＿＿＿＿＿＿＿＿＿＿＿ ＊

　　○不知道

22. 同时使用的第二台笔记本电脑搭载的系统（如装有多系统请选择最常用的一个，选项后可填写具体系统版本）［单选题］

　　○微软 Windows 系列＿＿＿＿＿＿＿＿

　　○苹果 Mac OS 系列＿＿＿＿＿＿＿＿

　　○Linux 相关系统＿＿＿＿＿＿＿＿

　　○其他＿＿＿＿＿＿＿＿

23. 同时使用的第二台笔记本电脑的使用频率约为［单选题］

○每天都使用

○两三天使用一次

○一周使用一次

○一周以上使用一次

○不确定

24. 同时使用的第二台笔记本电脑是否与他人共享使用［单选题］

○是

○否

25. 您是否在使用台式电脑［单选题］

○是（请跳至第 26 题）

○否（请跳至第 33 题）

26. 台式电脑搭载的系统（如装有多系统请选择最常用的一个，选项后可填写具体系统版本）［单选题］

○微软 Windows 系列＿＿＿＿＿＿

○苹果 Mac OS 系列＿＿＿＿＿＿

○Linux 相关系统＿＿＿＿＿＿

○其他＿＿＿＿＿＿

27. 台式电脑的使用频率约为［单选题］

○每天都使用

○两三天使用一次

○一周使用一次

○一周以上使用一次

○不确定

28. 台式电脑是否与他人共享使用（如和家庭成员共用或在工作中与同事共用）［单选题］

○是

○否

29. 是否在同时使用第二台台式电脑［单选题］

○是（请跳至第 30 题）

○否（请跳至第 33 题）

30. 同时使用的第二台台式电脑搭载的系统（如装有多系统请选择最常用的一个，选项后可填写具体系统版本）[单选题]

    ○微软 Windows 系列＿＿＿＿＿＿＿

    ○苹果 Mac OS 系列＿＿＿＿＿＿

    ○Linux 相关系统＿＿＿＿＿＿

    ○其他＿＿＿＿＿＿＿＿

31. 同时使用的第二台台式电脑的使用频率约为 [单选题]

    ○每天都使用

    ○两三天使用一次

    ○一周使用一次

    ○一周以上使用一次

    ○不确定

32. 同时使用的第二台台式电脑是否与他人共享使用（如和家庭成员共用或在工作中与同事共用）[单选题]

    ○是

    ○否

33. 您是否在使用智能电视（包括加装智能电视盒的非智能电视）[单选题]

    ○是（请跳至第 34 题）

    ○否（请跳至第 37 题）

34. 智能电视搭载的系统 [单选题]

    ○安卓及相关衍生系统

    ○WebOS

    ○Tizen

    ○火狐 OS

    ○其他＿＿＿＿＿＿＿ *

    ○不知道

35. 智能电视的使用频率约为（未用到相关智能系统功能的情况不包含）[单选题]

    ○每天都使用

    ○两三天使用一次

○一周使用一次

　　　　○一周以上使用一次

　　　　○不确定

　　36. 智能电视是否与他人共享使用（如和家庭成员共用）［单选题］

　　　　○是

　　　　○否

　　37. 备注（如有上述题目未涉及的其他智能终端使用情况请在下方填写）［填空题］

——————————————————————————

　　38. 如您愿意作为被试参与本项目后续研究，请在下方填写您的 Email 地址以便我们与您联系［填空题］

——————————————————————————

附录 2　多终端使用动机问卷

亲爱的朋友：

您好！非常感谢您抽出宝贵的时间参与此问卷调查。

此调查旨在了解日常生活中的多终端使用需求和动机（"多终端"是指主要包括台式电脑、笔记本电脑、手机、电视、平板电脑等在内的设备，同时使用其中两台及以上的行为即为"多终端使用行为"，例如边看电视边用手机上网或使用电脑时使用手机查看信息等情况）。

调查中所有问题均无对错之分，您只需根据您的实际情况作答，且调查结果仅用于学术研究，不会记名或对外公开。

谢谢！

第一部分：基本信息

您的性别：[单选题]

○男

○女

您的年龄段：[单选题]

○18 岁以下　○18~25 岁　○26~30 岁　○31~40 岁

○41~50 岁　○51~60 岁　○60 岁以上

您目前从事的职业：[单选题]

○学生

○自由职业

○生产人员

○销售人员

○市场/公关人员

○行政/后勤人员

○人力资源

○财务/审计人员

○文职/办事人员

○技术/研发人员

○管理人员

○教师

○顾问/咨询

○专业人士（如会计师、律师、建筑师、医护人员、记者等）

○军人

○退休

○其他

您的受教育程度：[单选题]

○高中及以下

○大专

○本科

○硕士

○博士

您日常使用的电子设备及数量：[矩阵单选题]

	不使用	1台	2台	3台及以上
手机	○	○	○	○
台式电脑	○	○	○	○
笔记本	○	○	○	○
平板电脑	○	○	○	○
电视	○	○	○	○

续表

	不使用	1 台	2 台	3 台及以上
其他（如 Kindle、游戏主机等）	○	○	○	○

您平时多终端使用最常见的模式是（最多选择三项，如看电视时使用手机的情况较多即选择"电视+手机"）［多选题］

☐台式电脑+电视

☐台式电脑+笔记本电脑

☐台式电脑+手机

☐台式电脑+平板电脑

☐电视+笔记本电脑

☐电视+手机

☐电视+平板电脑

☐笔记本+手机

☐笔记本+平板电脑

☐手机+平板电脑

☐三个及以上终端同时使用

您在工作学习中同时使用多终端的频率为［单选题］

○从不　　○很少　　○偶尔　　○经常　　○总是

您在休闲时间同时使用多终端的频率为［单选题］

○从不　　○很少　　○偶尔　　○经常　　○总是

第二部分：以下各题请根据您的实际经验作答，依照所列陈述选择最符合您实际想法的一项。选项 1 至 5 依次表示"非常不同意""不同意""不确定""同意""非常同意"。

1. 同时使用多个终端可以使我提高工作学习的效率［单选题］

　○非常不同意　○不同意　○不确定　○同意　○非常同意

2. 同时使用多个终端对我而言很方便［单选题］

　○非常不同意　○不同意　○不确定　○同意　○非常同意

3. 同时使用多个终端对我而言很容易［单选题］

　○非常不同意　○不同意　○不确定　○同意　○非常同意

4. 同时使用多个终端可以节省时间［单选题］
　　○非常不同意　○不同意　○不确定　○同意　○非常同意

5. 同时使用多个终端对我而言是很自然的［单选题］
　　○非常不同意　○不同意　○不确定　○同意　○非常同意

6. 同时使用多个终端符合我处理事务的节奏［单选题］
　　○非常不同意　○不同意　○不确定　○同意　○非常同意

7. 同时使用多个终端可以让我随时与其他人保持联络［单选题］
　　○非常不同意　○不同意　○不确定　○同意　○非常同意

8. 同时使用多个终端让我可以随时随地在社交媒体上发布自己的状态和想法［单选题］
　　○非常不同意　○不同意　○不确定　○同意　○非常同意

9. 同时使用多个终端可以保证我不会错过重要的信息或留言［单选题］
　　○非常不同意　○不同意　○不确定　○同意　○非常同意

10. 同时使用多个终端可以让我随时关注他人社交媒体的动态［单选题］
　　○非常不同意　○不同意　○不确定　○同意　○非常同意

11. 同时使用多个终端比较容易打发时间［单选题］
　　○非常不同意　○不同意　○不确定　○同意　○非常同意

12. 同时使用多个终端让我可以随时查看感兴趣的内容［单选题］
　　○非常不同意　○不同意　○不确定　○同意　○非常同意

13. 同时使用多个终端可以让我获取更多的资讯和知识［单选题］
　　○非常不同意　○不同意　○不确定　○同意　○非常同意

14. 同时使用多个终端对我的工作学习有很大帮助［单选题］
　　○非常不同意　○不同意　○不确定　○同意　○非常同意

15. 同时使用多个终端让我觉得自己很重要［单选题］
　　○非常不同意　○不同意　○不确定　○同意　○非常同意

16. 同时使用多个终端让我觉得自己受到他人的关注［单选题］

　　○非常不同意　○不同意　○不确定　○同意　○非常同意

17. 同时使用多个终端可以让我在工作学习时有机会放松［单选题］

　　○非常不同意　○不同意　○不确定　○同意　○非常同意

18. 同时使用多个终端可以让我随时随地处理私人事务［单选题］

　　○非常不同意　○不同意　○不确定　○同意　○非常同意

19. 我经常发现自己在同时使用两个或两个以上终端（如电脑、手机、电视、平板电脑等）［单选题］

　　○非常不同意　○不同意　○不确定　○同意　○非常同意

20. 我经常将多个终端配合使用处理同一个任务［单选题］

　　○非常不同意　○不同意　○不确定　○同意　○非常同意

21. 我经常同时使用多个终端做不同的事［单选题］

　　○非常不同意　○不同意　○不确定　○同意　○非常同意

附录3 多终端使用行为问卷

亲爱的朋友：

您好！非常感谢您抽出宝贵的时间参与此问卷调查。

此调查旨在了解日常生活中的多终端使用行为（"多终端"是指包括台式电脑、笔记本电脑、手机、电视、平板电脑等在内的设备，同时使用其中两台及以上的行为即为"多终端使用行为"，例如边看电视边用手机上网或使用电脑时使用手机查看信息等情况）。

调查中所有问题均无对错之分，您只需根据您的实际情况作答，且调查结果仅用于学术研究，不会记名或对外公开。

谢谢！

第一部分：基本信息

您的性别：[单选题]

○男

○女

您的年龄段：[单选题]

○18岁以下　　○18~25岁　　○26~30岁　　○31~40岁

○41~50岁　　○51~60岁　　○60岁以上

您目前从事的职业：[单选题]

○学生

○自由职业

○生产人员
○销售人员
○市场/公关人员
○行政/后勤人员
○人力资源
○财务/审计人员
○文职/办事人员
○技术/研发人员
○管理人员
○教师
○顾问/咨询
○专业人士（如会计师、律师、建筑师、医护人员、记者等）
○其他
您的受教育程度：[单选题]
○高中及以下　○大专　○本科　○硕士　○博士
您日常使用的电子设备及数量：[矩阵单选题]

	不使用	1 台	2 台	3 台及以上
手机	○	○	○	○
台式电脑	○	○	○	○
笔记本	○	○	○	○
平板电脑	○	○	○	○
电视	○	○	○	○
其他（如 Kindle、游戏主机等）	○	○	○	○

第二部分：以下各题请根据您的实际经验作答，依照所列陈述选择最符合您实际想法的一项。选项 1 至 5 依次表示"非常不同意""不同意""不确定""同意""非常同意"。

1. 平时我能够熟练地同时使用多个终端（两个及以上，如电脑、手机、电视、平板电脑等）[单选题]

　　　　○非常不同意　　○不同意　　○不确定　　○同意　　○非常同意

　2. 我能通过同时使用多个终端做我想做的事［单选题］

　　　　○非常不同意　　○不同意　　○不确定　　○同意　　○非常同意

　3. 使用不同终端上的软件和应用对我来说是容易的［单选题］

　　　　○非常不同意　　○不同意　　○不确定　　○同意　　○非常同意

　4. 学会同时使用多个终端查看资讯和信息对我来说是容易的［单选题］

　　　　○非常不同意　　○不同意　　○不确定　　○同意　　○非常同意

　5. 同时使用多个终端能够提高我工作学习的效率［单选题］

　　　　○非常不同意　　○不同意　　○不确定　　○同意　　○非常同意

　6. 同时使用多个终端对我的工作学习是很有用的［单选题］

　　　　○非常不同意　　○不同意　　○不确定　　○同意　　○非常同意

　7. 同时使用多个终端能够改进我在工作学习上的表现［单选题］

　　　　○非常不同意　　○不同意　　○不确定　　○同意　　○非常同意

　8. 同时使用多个终端能让我更快地处理各种信息［单选题］

　　　　○非常不同意　　○不同意　　○不确定　　○同意　　○非常同意

　9. 同时使用多个终端可以使我获得更多资讯和信息［单选题］

　　　　○非常不同意　　○不同意　　○不确定　　○同意　　○非常同意

　10. 我愿意同时使用多个终端查看信息［单选题］

　　　　○非常不同意　　○不同意　　○不确定　　○同意　　○非常同意

　11. 如有需要，我打算继续同时使用多个终端处理工作学习中的任务［单选题］

　　　　○非常不同意　　○不同意　　○不确定　　○同意　　○非常同意

　12. 我喜欢在看电视时使用手机、平板电脑等移动设备［单选题］

　　　　○非常不同意　　○不同意　　○不确定　　○同意　　○非常同意

　13. 拥有多个终端时，我倾向同时使用它们以提高效率［单选题］

　　　　○非常不同意　　○不同意　　○不确定　　○同意　　○非常同意

　14. 我经常同时使用多个终端完成有关联的任务［单选题］

○非常不同意　○不同意　○不确定　○同意　○非常同意

15. 我喜欢将多个终端配合使用完成一个任务 [单选题]

○非常不同意　○不同意　○不确定　○同意　○非常同意

16. 我经常多个终端同时使用，以解决特定的问题 [单选题]

○非常不同意　○不同意　○不确定　○同意　○非常同意

17. 使用电脑工作学习时，我会同时用手机处理个人事务 [单选题]

○非常不同意　○不同意　○不确定　○同意　○非常同意

18. 电视节目不精彩时，我会使用手机、平板电脑查看更有趣的内容 [单选题]

○非常不同意　○不同意　○不确定　○同意　○非常同意

19. 使用电脑或看电视时，我经常同时在手机上使用社交媒体应用（如微信、微博）[单选题]

○非常不同意　○不同意　○不确定　○同意　○非常同意

20. 我经常是出于习惯而同时使用多个终端的 [单选题]

○非常不同意　○不同意　○不确定　○同意　○非常同意

21. 同时使用多个终端对我而言非常自然 [单选题]

○非常不同意　○不同意　○不确定　○同意　○非常同意

22. 我同时使用多个终端经常是不假思索的 [单选题]

○非常不同意　○不同意　○不确定　○同意　○非常同意

23. 即使知道会分散注意力，我还是会下意识地同时使用多个终端（例如使用电脑工作学习时玩手机）[单选题]

○非常不同意　○不同意　○不确定　○同意　○非常同意

24. 有时我会不由自主地同时使用多个终端 [单选题]

○非常不同意　○不同意　○不确定　○同意　○非常同意

25. 我同时使用多个终端经常是无计划性的 [单选题]

○非常不同意　○不同意　○不确定　○同意　○非常同意

26. 我对如何同时使用多个终端不会深思熟虑 [单选题]

○非常不同意　○不同意　○不确定　○同意　○非常同意

27. 在看电视、使用电脑时，我会查看手机上微信、微博等应用的新消息 [单选题]

○非常不同意　　○不同意　　○不确定　　○同意　　○非常同意

28. 在看电视时，我会在手机、平板电脑上查找与观看内容相关的信息 [单选题]

　　　　○非常不同意　　○不同意　　○不确定　　○同意　　○非常同意

29. 在手机上不方便的任务我会转而在电脑上进行 [单选题]

　　　　○非常不同意　　○不同意　　○不确定　　○同意　　○非常同意

30. 当我在电脑上工作学习时，我会使用手机与他人交流相关的问题 [单选题]

　　　　○非常不同意　　○不同意　　○不确定　　○同意　　○非尝同意

致　谢

　　此书的完成首先必须感谢我的导师刘丽群教授，如无她全方位的支持，此书断无完成的可能。在本书的选题、撰写过程中，如果没有刘老师耐心的指导和鼓励，我无法想象自己可以完成如此困难的任务。

　　感谢张金海教授、姚曦教授、冉华教授、程明教授、徐开彬教授、左明章教授和张明新教授对本书内容提出的宝贵建议，对于完善本书的内容提供了巨大的帮助。

　　感谢武汉大学出版社的编辑们，正是仰赖他们细心辛劳的工作，本书才能顺利出版。

　　感谢我的妻子季苏鹤、母亲李爱华、父亲李强和儿子李学彻，他们的支持是我完成本书不可或缺的动力。

　　感谢参与本书相关研究的被试和受访者，他们无私提供的宝贵数据是本书得以完成的基础。

　　感谢作曲家 Gustav Mahler、Anton Bruckner、Ludwig van Beethoven、Johann Sebastian Bach，他们伟大的作品陪伴了我整个写作过程，他们创造的美乃至崇高给予了我巨大的激励和抚慰，常使我感到自己并非踽踽独行。